THÉATRE
DE
Le Sage

Publié avec Notice et Notes

PAR

GEORGES D'HEYLLI

PARIS

LIBRAIRIE GÉNÉRALE

72, boulevard Haussmann et rue du Havre

M. DCCC. LXXIX

THÉATRE

DE

Le Sage

TIRAGE

500 exemplaires sur papier vergé.
100 — — teinté.
 15 — — de Chine.
  1 — peau de vélin.
  1 — parchemin.
_____
617 exemplaires.

PARIS. — ALCAN-LÉVY, IMPRIMEUR BREVETÉ,
61, RUE DE LA FAYETTE, 61.

THÉATRE

DE

Le Sage

Publié avec Notice et Notes

PAR

GEORGES D'HEYLLI

PARIS

LIBRAIRIE GÉNÉRALE

72, boulevard Haussmann et rue du Havre

M. DCCC. LXXIX

LES
COMÉDIES DE LE SAGE

C'est aussi bien par *Turcaret* que par *Gil Blas* que l'immortalité est venue à Le Sage. Cette brillante comédie est l'une des plus célèbres du xviiie siècle ; elle place son auteur immédiatement à la suite de Molière et de Regnard et elle offre cette particulière originalité qu'elle est la première pièce qui ait mis en scène, pour les flageller et les flétrir, ces traitants scandaleux et ces financiers sans scrupules auxquels ni Molière ni Regnard n'avaient voulu ou osé toucher.

Turcaret est, avant tout, une comédie satirique; tous les personnages, si variés de mœurs et d'états qui la traversent, sont peints de la manière la plus vivante et la plus vraie, mais ils ne concourent qu'incidemment à l'action et servent surtout à faire ressortir les vices du principal personnage. Ils offrent donc un intérêt plus secondaire tandis que toute l'importance de la pièce se trouve reportée et, pour ainsi dire, concentrée sur le caractère de Turcaret. Néanmoins, ces autres personnages, pour être moins étudiés, sont encore peints de couleurs assez vives et comme marqués d'un trait unique, mais ineffaçable : la baronne, le chevalier, le marquis représentent très heureusement la fine fleur de la société galante et insouciante qui allait bientôt illustrer à jamais la Régence; madame Jacob, la revendeuse, n'a qu'un petit rôle de quelques scènes, mais il est fort curieusement tracé, sinon très original, car il rappelle, par certains côtés, madame la Ressource du *Joueur*; les suivantes, Marine et Lisette, sont aussi deux friponnes de la même école; pour les deux valets, Frontin et Flamand, ils n'ont garde de leur être inférieurs en duplicité, et ils complètent de leur mieux cette troupe de grugeurs éhontés qui se pressent à la porte du coffre-fort de Turcaret comme devant une table bien servie.

Quant à Turcaret lui-même, son individualité propre pourrait être plus complétement accusée. Le Sage veut nous le présenter comme le type du financier de son siècle (1). Les financiers du xviiie siècle

---

(1) « Le Sage, nous dit F. de Marescot dans une notice sur *Turcaret* (édition de la librairie des bibliophiles, 1872), avait-il eu vraiment l'idée de personnifier dans ce personnage telle ou telle individualité financière et malhonnête de son temps? On ne peut mettre en avant aucun nom; mais il en est un qui rappelle quelque peu le héros de la comédie de Le Sage, c'est celui de J.-B. Lorieul de La Noue. Ce de La Noue, d'abord valet d'un curé de village, s'était enrichi peu à peu et était devenu un gros partisan. Son luxe, ses nombreuses maisons pleines de tableaux de maîtres et d'objets précieux, ses galanteries sans nombre, lui donnent plus d'un point de contact avec *Turcaret*. Comme lui, il ne put

étaient vraiment plus raffinés que cela ; il en est certains qui étaient intelligents, instruits, protecteurs et amis des arts et des artistes, parfois lettrés eux-mêmes et, en tous cas, jouant avec une fastueuse générosité le rôle de Mécène auprès des écrivains besoigneux de leur époque. Mais Le Sage n'a pu, sans doute, choisir son héros parmi ces aimables et rares financiers dont quelques-uns ont transmis un nom estimé à l'histoire ; en somme, Turcaret n'est qu'un parvenu grossier, ignorant et sans esprit, d'un caractère faible et indé-

échapper aux revers de la fortune et se vit condamner, le 3 avril 1705, au pilori et aux galères. Sa mésaventure lui valut à cette époque le quatrain suivant :

> De financier, jadis laquais,
> Ainsi la fortune se joue !
> Je vous montre aujourd'hui La Noue ;
> Vous verrez bientôt Bourvalais.

Bourvalais, émule de de La Noue en improbité, pourrait à la rigueur, lui aussi, avoir servi de modèle à *Turcaret*. Je ne citerai que ces deux noms au milieu de cent autres qu'il serait facile de désigner. »

cis, à ce point que nous devons nous demander par quel miracle cet imbécile a pu s'élever par lui-même à sa haute situation et à sa brillante fortune. C'est là le côté faible du personnage ; il est vraiment trop bête et se laisse duper trop facilement par cette baronne du demi-monde de son temps ! Mais il n'est pas grugé seulement par cette princesse qui règne sur son cœur ; les suivantes et les valets le dépouillent de même ; les grands seigneurs se mettent, eux aussi, de la partie : c'est une curée générale ! Turcaret n'est plus, dans les mains de tous ces gens-là, qu'un véritable pantin dont ils font à leur gré, et en tous sens, mouvoir tous les fils. Ce n'est donc là qu'un personnage de bas étage, arrivé on ne sait comment au sommet et, je le répète, évidemment inférieur à sa propre fortune.

Il faut dire, à la décharge de Le Sage, qu'il lui était bien difficile, à l'époque où il écrivait sa pièce, de mettre en scène un des gros financiers de son temps en le copiant absolument d'après nature. C'est déjà bien extraordinaire qu'on lui ait permis de le représenter avec cette relative ressemblance. D'ailleurs, ce portrait tel qu'il est, offre assez de points exacts pour qu'il soit devenu au théâtre un type définitif et pour ainsi dire authentique. Ce portrait est, d'ailleurs, profondément étudié, écrit d'un style à la fois incisif et brillant, comique sans excès, et plus curieux et intéressant peut-être, comme la pièce tout entière, dans le livre qu'au théâtre. Il faut, en effet, constater que *Turcaret*, ainsi que certaines des plus illustres comédies des XVIIe et XVIIIe siècles, qui ont plus particulièrement pour objet la peinture exclusive d'un caractère, telles que *le Menteur*, *le Joueur*, *le Distrait*, *la Métromanie*, *le Méchant* et même *le Misanthrope*, n'a toujours produit à la scène qu'un effet en général un peu froid; ce qui s'explique par le soin minutieux avec lequel le caractère du personnage principal de ces pièces est mis plus complétement en saillie, au détriment de tous les autres et aussi de l'intérêt de la pièce elle-même.

Turcaret avait éprouvé bien des vicissitudes avant d'arriver à la scène. Cette belle comédie n'était d'abord qu'un petit acte, achevé dès 1707, et que Le Sage présenta aux Comédiens-Français à la fin de cette même année, sous le titre de *les Étrennes* pour être joué au début de l'année suivante. L'épisode du diamant de la baronne faisait alors, à lui seul, tous les frais de l'intrigue ; mais les règlements de la Comédie lui interdisaient d'accepter les pièces de moins de cinq actes, pendant l'espace de temps qui s'écoulait de la Saint-Martin jusqu'à Pâques. Cette restriction obligea Le Sage à modifier et à étendre son ouvrage qu'il présenta de nouveau aux Comédiens, transformé en une grande comédie en cinq actes, avant la fin de cette même année 1708. Cette comédie était *Turcaret*.

Elle fut bientôt célèbre dans tout Paris, et les salons littéraires, alors si fréquentés et si nombreux, s'en disputèrent par avance la lecture. Le *Journal historique* de Collé nous a même transmis, à ce propos, une anecdote que Collé tenait, paraît-il, de Fuzelier lui-même qui allait être bientôt un des collaborateurs de Le Sage pour les théâtres de la foire, anecdote assez piquante et à l'authenticité de laquelle le caractère indépendant de l'auteur de *Turcaret* peut, à bon droit, servir de garantie :

« Avant que de faire jouer son *Turcaret*, Le Sage avait promis à madame la duchesse de Bouillon d'aller lui lire sa pièce ; on comptait que la lecture s'en ferait avant le dîner. Quelques affaires le retinrent et il arriva tard. La duchesse de Bouillon le reçut avec un air d'impatience et de hauteur, et lui dit d'un ton aigre qu'il lui avait fait perdre plus d'une heure à attendre. « Eh bien, madame, reprit froidement Le « Sage, je vais vous faire gagner deux « heures. » Après cette courte réponse il fit sa révérence et sortit. Quelque chose qu'on fît, et quoiqu'on courût après lui sur l'escalier, il ne voulut jamais remonter, n'y dîna point et ne lut point sa pièce. »

D'autre part, tous les financiers, les traitants et autres gens qui pouvaient, à un titre quelconque, se supposer atteints par la comédie nouvelle, se mirent bien vite en campagne pour en faire empêcher la représentation. Ils allèrent jusqu'à offrir à Le Sage une somme de cent mille livres s'il consentait à retirer sa pièce. En présence de son refus, ils voulurent porter leurs plaintes au Roi lui-même, pour lui démontrer le funeste effet que ne manquerait pas de produire la représentation d'une comédie où étaient bafoués les principaux représentants de la finance de son royaume. Ils tentèrent d'en faire, en quelque sorte, une question d'Etat et l'on vit se renouveler, à propos de *Turcaret*, mais dans un autre sens, les récriminations auxquelles avait jadis donné lieu l'immortel *Tartufe*.

Mais Le Sage avait aussi de puissants amis, et l'intervention du Dauphin leva, en partie, toutes les difficultés (1). *Turcaret*

(1) Le fait est constaté par la note suivante, extraite du Registre des Comédiens pour l'année 1708, et que nous empruntons à la notice déjà citée de notre ami F. de Marescot :

« Il y a eu quelques difficultés au sujet de la comédie de *Turcaret* qui furent levées par ordre de Monseigneur du 13 octobre 1708, put enfin être représenté, le 14 février 1709, après certaines atténuations ou modifications imposées à son auteur dans le développement de son personnage principal (1).

Le succès en fut très vif et la pièce d'abord assez courue (2), mais elle eut encore contre elle une malechance inattendue. On se souvient du froid cruel de cet hiver terrible de l'année 1709; les plaisirs publics s'en ressentirent comme le reste, et la pièce de Le Sage, en dépit de sa vo-

conçu en ces termes : « Monseigneur étant informé que les Comédiens du Roi font difficulté de jouer une petite pièce intitulée *Turcaret ou le Financier*, ordonne auxdits Comédiens de l'apprendre et de la jouer incessamment. »

(1) La Comédie-Française donnait alors ses représentations dans la rue des Fossés-Saint-Germain-des-Prés.

(2) La plus forte recette, celle de la première soirée, ne fut cependant que de 2,320 livres, inférieure à la première recette de *Crispin rival de son maître*. Les droits d'auteur de Le Sage, pour les sept représentations, s'élevèrent à la somme de 598 livres 6 deniers.

gue des premiers soirs, dut être arrêtée à sa septième représentation (1). D'ailleurs elle ne retrouva jamais la complète faveur du public et ne fut reprise que de loin en loin, et encore après avoir été allégée du prologue et de l'épilogue qui ne furent donnés que lors des premières représentations et qui ne reparurent à la scène qu'à l'époque de la dernière reprise solennelle de *Turcaret*, en 1872.

Turcaret n'était pas d'ailleurs la première comédie de Le Sage; il en avait publié ou fait représenter quatre antérieurement à son chef-d'œuvre. Les deux premières sont bien oubliées aujourd'hui : le théâtre espagnol lui en avait fourni le sujet. La première, *Don Félix de Men-*

(1) « Pièce très comique et très divertissante, dit le chevalier de Mouhy dans ses *Tablettes dramatiques* (1752). Le style en est vif et léger; elle est restée au théâtre où on la revoit toujours avec le même plaisir. Le grand froid qu'il fit alors empêcha qu'elle n'eût le nombre de représentations qu'elle méritait. »

doce ou le Traître puni, comédie en cinq actes en prose, imitée de Lope de Vega, fut publiée en 1700, mais elle n'a jamais paru à la scène (1). La seconde, *le Point d'honneur*, comédie également en cinq actes, en prose, fut jouée le 3 février 1702. Elle est imitée de Don Francisco de Rojas (2), n'eut aucun succès et fut retirée après deux représentations. Remise plus tard par Le Sage, en trois actes, et jouée à la Comédie-Italienne (16 avril 1725), avec un prologue intitulé *Arlequin prologue*, elle ne réussit pas davantage, et ne put également aller au delà de deux soirées. Le théâtre espagnol n'avait donc pas porté à Le Sage la même chance heureuse que les œuvres romantiques du même pays qui lui inspirèrent ses deux chefs-d'œuvre : *le Diable boiteux* et *Gil Blas*.

(1) La pièce espagnole est intitulée *Guardar y Guardar*. Dancourt a traité le même sujet sous le titre de *la Trahison punie* (5 actes en vers, 28 novembre 1707).

(2) Le drame espagnol a pour titre : *No ay Amigo, para Amigo*. Scarron avait déjà exploité ce sujet dans *Jodelet duelliste*.

En effet, sa troisième pièce, *César Ursin*, en cinq actes, en prose, imitée de Calderon et représentée à la Comédie-Française, le 15 mars 1707, ne put être jouée que six fois et seulement grâce à une autre petite pièce en un acte, *Crispin rival de son maître*, qu'il fit représenter le même soir et qui obtint au contraire un très réel succès (1). C'est une pièce fort bien intriguée, vivement menée et d'un excellent style comique; le dialogue est plein de naturel et, bien que la farce soit peut-être un peu forte, et surtout trop longtemps prolongée, elle amuse beaucoup à la scène.

(1) Elle eut huit représentations de suite. Jouée à la Cour, devant Louis XIV, elle n'eut pas le même succès que devant le public et ennuya, dit-on, le vieux Roi. Les frères Parfaict, rendant compte de la première représentation dans leur *Histoire générale du Théâtre-Français*, s'expriment en ces termes : « Autant le public avait paru indisposé contre la grande pièce (*César Ursin*, qui avait commencé le spectacle.), autant il accueillit favorablement *Crispin*. » — La recette de cette première soirée fut de 2,368 livres.

On la joue encore assez souvent de nos jours.

Longtemps après le succès de *Turcaret*, Le Sage fit encore représenter à la Comédie-Française, le 20 février 1732, une comédie en un acte intitulée *la Tontine*. C'est une pièce médiocre et même sans mérite littéraire (1), qui a quitté, à jamais, le répertoire après cinq représentations.

Il y avait d'ailleurs vingt ans et plus que Le Sage avait présenté cette pièce à la Comédie-Française où il l'avait lue, en 1708, en même temps que *Turcaret*. Le refus que les Comédiens lui firent de la jouer amena entre eux et lui une séparation qui fut, comme on le voit, de longue durée et il accepta, dès ce jour, de travailler pour le théâtre de la Foire.

Il devait y réussir d'une manière inattendue et il composa, en effet, pour ce genre de spectacle, qui portait tant d'ombrage aux grands Comédiens du Roi, et

---

(1) C'est un « vaudeville faible », dit le chevalier de Mouhy dans ses *Tablettes dramatiques* déjà citées.

qui, transformé et amélioré, donna naissance à l'opéra comique (1), une centaine de pièces qui, presque toutes, obtinrent un succès mérité (2).

Il eut, pour collaborateur, dans la plupart de ces pièces, deux écrivains qui ne doivent guère leur notoriété qu'à cette collaboration, Dorneval puis Fuzelier. On retrouve, d'ailleurs, dans toutes ces farces, la verve comique qui distinguait si éminemment Le Sage, ce qui permet d'établir, presqu'à coup sûr, la part qui lui revient dans ce commun travail. Nous en donnons, pour exemple, les deux petites comédies du théâtre de la Foire, qui terminent ce volume, et qui ne sont pas trop indignes, par la variété des incidents, par la gaieté des détails, aussi bien que par

(1) On trouvera à la fin du volume une notice sur les Théâtres de la Foire, dont nous devons la communication à notre ami Auguste Cauderon.

(2) Ces pièces figurent toutes dans le *Théâtre de la Foire* que Le Sage publia lui-même, avec le concours de Dorneval. (Paris, 1721-1737, 10 vol in-12.)

l'ingéniosité de l'intrigue et la vivacité du style, de la plume qui a écrit *Turcaret* et *Gil Blas*.

Ces comédies de la Foire furent d'abord composées sans vaudevilles ou couplets, la législation alors en vigueur, sur les théâtres, ne les ayant pas permis au début. Quand ils furent autorisés plus tard, cette extension de la liberté théâtrale fut aussitôt exploitée par Le Sage et Dorneval au profit de la plupart des pièces qu'ils avaient composées ensemble. C'est alors qu'ils s'adjoignirent le librettiste Fuzelier, qui écrivit presque tous les couplets de leurs comédies de la Foire, anciennes ou nouvelles. Nous avons voulu donner ici au lecteur un spécimen des deux genres, empruntant au théâtre de la Foire une pièce de Le Sage, avec couplets, et une autre telle qu'elle était avant l'adjonction des couplets (1). Nous devons même ajou-

(1) Cette pièce, *les Trois Comères*, antérieure à la réglementation qui autorisa les couplets, est reproduite, ci-après, d'après la copie manuscrite du temps, qu'en possèdent

ter que, pour notre goût, nous préférons de beaucoup la pièce primitive — on en pourrait juger par la lecture comparée des deux pièces dans le recueil complet du *Théâtre de la Foire* — à la pièce remaniée et augmentée d'ariettes qui ralentissent la marche de l'action et nuisent à la vivacité du dialogue.

C'est surtout en lisant ces pièces charmantes et si alertes du théâtre de la Foire que l'on voit combien Le Sage avait l'esprit particulièrement doué pour le théâtre. Cette aptitude personnelle se retrouve, d'ailleurs, dans tous ses écrits; *le Diable boiteux* et *Gil Blas* (1) offrent, à tous mo-

les archives de la Comédie-Française. Cette curieuse copie nous avait été signalée par notre regretté ami Léon Guillard. Elle fait partie du tome VI du *Théâtre de la Foire*.

(1) *Le Diable boiteux* fut publié en 1707. On sait que ce joli roman est imité d'un autre roman espagnol de Luis Velez de Guevara *el Diablo conjuelo*. En 1715 parurent les deux premières parties de *Gil Blas*; la troisième fut publiée en 1724 et la quatrième et dernière seulement en 1735.

b.

ments, des récits parfaitement disposés pour la scène, et plusieurs ont, par la suite, servi de canevas à des ouvrages dramatiques applaudis. Du roman de *Gil Blas* on a fait tour à tour une comédie et un opéra comique et il n'y a eu que peu de modifications à opérer, dans la marche générale de l'intrigue, pour approprier au théâtre cette grande œuvre si variée en incidents successivement dramatiques ou comiques.

La vie de Le Sage,— que nous n'avons pas à raconter ici par le détail,—offre beaucoup moins d'intérêt que ses ouvrages. On peut même dire de lui qu'il n'a pas réellement d'histoire, dans le sens vrai du mot. Sa longue existence a été uniformément remplie par son travail littéraire : elle n'a été traversée par aucun grand orage ni par aucun éclat, en dehors de ses succès d'écrivain. Il eut cependant quelques chagrins de famille et de graves ennuis de santé, ayant, pendant les quarante dernières années de sa vie environ, souffert d'un mal incurable, une croissante surdité, qui datait de l'année 1709, et l'obligeait à se servir d'un cornet acoustique, précaution indispensable qui lui causait la plus vive contrariété.

Né le 8 mai 1668 à Sarzeau, près Vannes, Alain-René Le Sage était fils d'un avocat et lui-même commença sa carrière par l'étude des lois. Il était devenu orphelin de père et de mère dès l'âge de quatorze ans et demi : sa mère, Jeanne Brenugat, était partie la première pour l'autre monde, le 11 septembre 1677; son mari l'avait suivie peu après, le 25 décembre 1682. Laissé aux soins d'un oncle, Gabriel Le Sage, qui devint son tuteur, et qui administra assez mal sa fortune, le futur auteur de *Turcaret* fut élevé chez les Jésuites de Vannes. Il ne vint à Paris qu'en 1692, pour y faire ses études de droit. L'illustre romancier Walter-Scott, qui a écrit sa vie (1), nous raconte que, pendant ses premières années de séjour

(1) Dans son ouvrage posthume : *Biographies littéraires des romanciers célèbres.*

dans la capitale, Le Sage mena l'existence la plus heureuse qui pût convenir à un jeune homme de tournure agréable et d'esprit vif et brillant. Il fréquentait la meilleure et la plus riche société, et on se disputait sa présence dans tous les salons littéraires de l'époque.

Il fit, cependant, deux ans plus tard, un mariage assez simple sous le rapport de la fortune : il épousa, le 28 septembre 1694, n'ayant encore que vingt-six ans, une demoiselle Marie-Élisabeth Huyard qui n'en avait que vingt-deux. Les difficultés de la vie commencèrent alors pour lui, car il eut bientôt à soutenir un assez lourd ménage, quatre enfants lui étant nés, en moins de huit ans : l'un, René-André (31 juillet 1695) qui fut acteur sous le nom de Montménil; le second, Julien-François (24 juillet 1698) qui devint chanoine à Boulogne-sur-Mer; le troisième, François-Antoine (22 février 1700) qui a joué assez obscurément la comédie dans les troupes de province, sous le pseudonyme de Pitténec. Le dernier enfant de Le Sage fut une fille (6 août 1702) qui reçut le prénom de Marie et qui fut, avec son frère le chanoine, la consolation de Le Sage en ses jours malheureux.

C'est contre son gré, en effet, que ses deux autres fils avaient suivi la carrière du théâtre comme comédiens. Il se refusa toujours à les voir jouer et même il les éloigna tout à fait de sa personne. Cette séparation eût peut-être été éternelle, au moins pour l'aîné de ses fils, sans une circonstance fortuite que les anecdotiers ont souvent racontée.

Ce fils, René-André, est celui qui avait le mieux réussi au théâtre et qui débuta à la Comédie-Française, le 18 mai 1726, dans le rôle de Mascarille de *l'Étourdi*. Il devint Sociétaire deux ans après et il a été un des comédiens les plus remarquables de son temps. Or, un soir qu'il jouait précisément le rôle de Turcaret dans l'immortelle comédie de son père (1), les amis de Le Sage l'entraînèrent au théâtre sans lui dire que son fils paraîtrait dans la repré-

(1) Il excellait, à la fois, dans les rôles de valets, de paysans et de financiers.

sentation. Il le trouva si parfait, si distingué comme acteur, et jouit tellement du bon accueil que fit le public à son brillant interprète, durant toute la soirée, qu'il alla incontinent se jeter dans les bras de son enfant avec lequel, à partir de ce jour, il renoua les plus étroites relations. Montménil étant mort quelques années plus tard, le 8 septembre 1743, Le Sage en ressentit un si cruel et si inconsolable chagrin qu'il résolut de quitter Paris pour se réfugier désormais à la campagne. Il s'en vint alors chercher un asile — qui fut le dernier — chez son fils le chanoine de Boulogne, accompagné de sa femme et de sa fille Marie.

C'est là qu'il mourut le 17 novembre 1747, entouré des siens et ayant le suprême bonheur de n'avoir pas vu partir avant lui la digne compagne de sa vie : sa femme lui survécut, en effet, jusqu'en 1752.

La postérité, qui a depuis longtemps commencé pour Le Sage, lui a été plus favorable que la critique de son temps. Son principal représentant, au xviiie siècle, La Harpe, lui a tenu, en effet, rigueur, surtout à propos de *Turcaret*. Mais aujourd'hui Le Sage a repris, au premier rang, sa place définitive, et comme romancier, et comme écrivain dramatique : tant qu'il y aura une littérature française on réimprimera, on relira ou on rejouera toujours *Gil Blas* et *Turcaret*.

GEORGES D'HEYLLI.

CRISPIN

RIVAL
DE SON MAITRE

COMÉDIE

EN UN ACTE, EN PROSE

Représentée par les Comédiens François ordinaires
du Roi, le 12 Mars 1707.

ACTEURS

M. ORONTE, *bourgeois de Paris.*
MADAME ORONTE, *sa femme.*
ANGÉLIQUE, *leur fille, promise à Damis.*
VALERE, *amant d'Angélique.*
M. ORGON, *pere de Damis.*
LISETTE, *suivante d'Angélique.*
CRISPIN, *valet de Valere.*
LA BRANCHE, *valet de Damis.*

La Scène est à Paris.

CRISPIN

RIVAL

DE SON MAITRE

COMÉDIE

SCÈNE PREMIÈRE

VALERE, CRISPIN.

VALERE.

Ah! te voilà, bourreau!

CRISPIN.

Parlons fans emportement.

VALERE.

Coquin!

CRISPIN.

Laissons là, je vous prie, nos qualités. De quoi vous plaignez-vous ?

VALERE.

De quoi je me plains, traître ! tu m'avois demandé congé pour huit jours, & il y a plus d'un mois que je ne t'ai vû. Est-ce ainsi qu'un valet doit servir ?

CRISPIN.

Parbleu ! Monsieur, je vous sers comme vous me payez : il me semble que l'un n'a pas plus de sujet de se plaindre que l'autre.

VALERE.

Je voudrois bien sçavoir d'où tu peux venir ?

CRISPIN.

Je viens de travailler à ma fortune. J'ai été en Touraine, avec un Chevalier de mes amis, faire une petite expédition.

VALERE.

Quelle expédition ?

CRISPIN.

Lever un droit qu'il s'est acquis sur les gens de province, par sa manière de jouer.

VALERE.

Tu viens donc fort à propos, car je n'ai point d'argent, & tu dois être en état de m'en prêter.

Scène I.

CRISPIN.

Non, Monsieur, nous n'avons pas fait une heureuse pêche. Le poisson a vu l'hameçon, il n'a point voulu mordre à l'appât.

VALERE.

Le bon fond de garçon que voilà ! Ecoute, Crispin, je veux bien te pardonner le passé, j'ai besoin de ton industrie.

CRISPIN.

Quelle clémence !

VALERE.

Je suis dans un grand embarras.

CRISPIN.

Vos créanciers s'impatientent-ils ? Ce gros marchand, à qui vous avez fait un billet de neuf cens francs pour trente pistoles d'étoffe qu'il vous a fourni auroit-il obtenu sentence contre vous ?

VALERE.

Non.

CRISPIN.

Ah ! j'entends. Cette généreuse Marquise, qui alla elle-même payer votre tailleur qui vous avoit fait assigner, a découvert que nous agissions de concert avec lui.

VALERE.

Ce n'est point cela, Crispin. Je suis devenu amoureux.

CRISPIN.

Oh ! oh ! Et de qui, par aventure ?

VALERE.

D'Angélique, fille unique de M. Oronte.

CRISPIN.

Je la connois de vue. Peste ! la jolie figure ! Son pere, si je ne me trompe, est un bourgeois qui demeure en ce logis, & qui est très riche.

VALERE.

Oui, il a trois grandes maisons dans les plus beaux quartiers de Paris.

CRISPIN.

L'adorable personne qu'Angélique !

VALERE.

De plus, il passe pour avoir de l'argent comptant.

CRISPIN.

Je connois tout l'excès de votre amour. Mais où en êtes-vous avec la petite fille ? Elle sçait vos sentimens ?

VALERE.

Depuis huit jours que j'ai un libre accès chez son pere, j'ai si bien fait, qu'elle me voit d'un œil favorable; mais Lisette, sa femme de chambre, m'apprit hier une nouvelle qui me met au désespoir.

CRISPIN.

Eh ! que vous a-t-elle dit, cette désespérante Lisette !

Scène I.

VALERE.

Que j'ai un rival; que M. Oronte a donné sa parole à un jeune homme de province qui doit inceſſamment arriver à Paris pour épouſer Angélique.

CRISPIN.

Et qui eſt ce rival?

VALERE.

C'eſt ce que je ne ſçais point encore. On appella Liſette dans le tems qu'elle me diſoit cette fâcheuſe nouvelle, & je fus obligé de me retirer ſans apprendre ſon nom.

CRISPIN.

Nous avons bien la mine de n'être pas ſi-tôt propriétaire des trois belles maiſons de M. Oronte.

VALERE.

Va trouver Liſette de ma part: parle-lui; après cela, nous prendrons nos meſures.

CRISPIN.

Laiſſez-moi faire.

VALERE.

Je vais t'attendre au logis.

SCÈNE II.

CRISPIN, *seul*.

Que je suis las d'être valet ! Ah ! Crispin ! c'est ta faute. Tu as toujours donné dans la bagatelle ! tu devrois préfentement briller dans la finance. Avec l'efprit que j'ai, morbleu ! j'aurois déjà fait plus d'une banqueroute.

SCÈNE III.

CRISPIN, LA BRANCHE.

LA BRANCHE.

N'est-ce pas là Crifpin ?

CRISPIN.

Eft-ce la Branche que je vois ?

LA BRANCHE.

C'eft Crifpin, c'eft lui-même.

CRISPIN.

C'eft la Branche, ou je meure ! L'heureufe rencontre ! Que je t'embraffe, mon cher.

Franchement, ne te voyant plus paroître à Paris, je craignois que quelque arrêt de la cour ne t'en eût éloigné.

LA BRANCHE.

Ma foi ! mon ami, je l'ai échappé belle depuis que je ne t'ai vû. On m'a voulu donner de l'occupation fur mer ; j'ai penfé être du dernier détachement de la Tournelle.

CRISPIN.

Tudieu ! qu'avois-tu donc fait ?

LA BRANCHE.

Une nuit, je m'avifai d'arrêter, dans une rue détournée, un marchand étranger pour lui demander, par curiofité, des nouvelles de fon pays. Comme il n'entendoit pas le françois, il crut que je lui demandois la bourfe. Il crie : Au voleur. Le guet vient. On me prend pour un fripon. On me mene au Châtelet. J'y ai demeuré fept femaines !

CRISPIN.

Sept femaines ?

LA BRANCHE.

J'y aurois demeuré bien davantage fans la niece d'une revendeufe à la toilette.

CRISPIN.

Eft-il vrai ?

LA BRANCHE.

On étoit férieufement prévenu contre moi; mais cette bonne amie fe donna tant de mouvement, qu'elle fit connoître mon innocence.

CRISPIN.

Il eft bon d'avoir de puiffans amis.

LA BRANCHE.

Cette aventure m'a fait faire des réflexions.

CRISPIN.

Je le crois. Tu n'es plus curieux de fçavoir des nouvelles des pays étrangers ?

LA BRANCHE.

Non, ventrebleu, je me fuis remis dans le fervice. Et toi, Crifpin, travailles-tu toujours ?

CRISPIN.

Non, je fuis, comme toi, un fripon honoraire. Je fuis rentré dans le fervice auffi; mais je fers un maître fans bien; ce qui fuppofe un valet fans gages. Je ne fuis pas trop content de ma condition.

LA BRANCHE.

Je le fuis affez de la mienne, moi. Je me fuis retiré à Chartres. J'y fers un jeune homme appelé Damis. C'eft un aimable garçon. Il aime le jeu, le vin, les femmes. C'eft un homme univerfel. Nous faifons enfemble toutes fortes de débauches. Cela m'amufe : cela me détourne de mal faire.

CRISPIN.

L'innocente vie !

LA BRANCHE.

N'eft-il pas vrai ?

CRISPIN.

Affurément. Mais, dis-moi, la Branche, qu'es-tu venu faire à Paris ? Où vas-tu ?

LA BRANCHE.

Je vais dans cette maifon.

CRISPIN.

Chez M. Oronte ?

LA BRANCHE.

Sa fille eft promife à Damis.

CRISPIN.

Angélique promife à ton maître !

LA BRANCHE.

M. Orgon, pere de Damis, étoit à Paris il y a quinze jours. J'y étois avec lui. Nous allâmes voir M. Oronte qui eft de fes anciens amis, & ils arrêtèrent entre eux ce mariage.

CRISPIN.

C'eft donc une affaire réfolue ?

LA BRANCHE.

Oui : le contrat est déjà signé des deux peres & de madame Oronte. La dot, qui est de vingt mille écus en argent comptant, est toute prête. On n'attend que l'arrivée de Damis, pour terminer la chose.

CRISPIN.

Ah ! parbleu, cela étant, Valere, mon maître n'a donc qu'à chercher fortune ailleurs.

LA BRANCHE.

Quoi ! ton maître ?

CRISPIN.

Il est amoureux de cette même Angélique mais, puisque Damis...

LA BRANCHE.

Oh ! Damis n'épousera point Angélique. Il y a une petite difficulté.

CRISPIN.

Eh ! quelle ?

LA BRANCHE.

Pendant que son pere le marioit ici, il s'est marié à Chartres, lui.

CRISPIN.

Comment donc ?

LA BRANCHE.

Il aimoit une jeune personne avec qui il

avoit fait les choses, de maniere qu'au retour du bon homme Orgon, il s'est fait, en secret, une assemblée de parens. La fille est de condition. Damis a été obligé de l'épouser.

CRISPIN.

Oh! cela change la these.

LA BRANCHE.

J'ai trouvé les habits de noces de mon maître tous faits. J'ai ordre de les emporter à Chartres, aussitôt que j'aurai vû M. et madame Oronte, & retiré la parole de M. Orgon.

CRISPIN.

Retirer la parole de M. Orgon!

LA BRANCHE.

C'est ce qui m'amene à Paris; sans adieu, Crispin; nous nous reverrons.

CRISPIN.

Attends, la Branche, attends, mon enfant; il me vient une idée : dis-moi un peu, ton maître est-il connu de M. Oronte?

LA BRANCHE.

Ils ne se sont jamais vus.

CRISPIN.

Ventrebleu! si tu voulois, il y auroit un beau coup à faire; mais, après ton aventure du Châtelet, je crains que tu ne manques de courage.

LA BRANCHE.

Non, non, tu n'as qu'à dire; une tempête essuyée n'empêche point un bon matelot de se remettre en mer. Parle; de quoi s'agit-il ? Est-ce que tu voudrois faire passer ton maître pour Damis, & la lui faire épouser ?

CRISPIN.

Mon maître, fi donc, voilà un plaisant gueux pour une fille comme Angélique; je lui destine un meilleur parti.

LA BRANCHE.

Qui donc ?

CRISPIN.

Moi.

LA BRANCHE.

Malpeste ! tu as raison, cela n'est pas mal imaginé, au moins.

CRISPIN.

Je suis amoureux d'elle.

LA BRANCHE.

J'approuve ton amour.

CRISPIN.

Je prendrai le nom de Damis.

LA BRANCHE.

C'est bien dit.

Scène III.

CRISPIN.

J'épouferai Angélique.

LA BRANCHE.

J'y confens.

CRISPIN.

Je toucherai la dot.

LA BRANCHE.

Fort bien.

CRISPIN.

Et je difparoîtrai avant qu'on en vienne aux éclairciffemens.

LA BRANCHE.

Expliquons-nous mieux fur cet article.

CRISPIN.

Pourquoi ?

LA BRANCHE.

Tu parles de difparoître avec la dot fans aire mention de moi. Il y a quelque chofe à corriger dans ce plan-là.

CRISPIN.

Oh ! nous difparoîtrons enfemble.

LA BRANCHE.

A cette condition-là, je te fers de croupier. Le coup, je l'avoue, eft un peu hardi ; mais mon audace fe réveille, & je fens que je fuis né pour les grandes chofes. Où irons-nous cacher la dot ?

CRISPIN.

Dans le fond de quelque province éloignée.

LA BRANCHE.

Je crois qu'elle fera mieux hors du royaume; qu'en dis-tu ?

CRISPIN.

C'eſt ce que nous verrons. Apprends-moi de quel caractère est M. Oronte ?

LA BRANCHE.

C'eſt un bourgeois fort ſimple, un petit génie.

CRISPIN.

Et madame Oronte ?

LA BRANCHE.

Une femme de cinquante-cinq à ſoixante ans; une femme qui s'aime & qui eſt d'un eſprit tellement incertain, qu'elle croit dans le même moment le pour et le contre.

CRISPIN.

Cela ſuffit, il faut à préſent emprunter des habits pour...

LA BRANCHE.

Tu peux te ſervir de ceux de mon maître; oui, juſtement, tu es à peu près de ſa taille.

CRISPIN.

Peſte ! il n'eſt pas mal fait.

LA BRANCHE.

Je vois fortir quelqu'un de chez M. Oronte; allons dans mon auberge concerter l'exécution de notre entreprife.

CRISPIN.

Il faut auparavant que je courre au logis, parler à Valere, & que je l'engage, par une fauffe confidence, à ne point venir de quelques jours chez M. Oronte. Je t'aurai bientôt rejoint.

SCÈNE IV.

ANGÉLIQUE, LISETTE.

ANGÉLIQUE.

Oui, Lifette, depuis que Valere m'a découvert fa paffion, un fecret chagrin me dévore, & je fens que, fi j'époufe Damis, il m'en coûtera le repos de ma vie.

LISETTE.

Voilà un dangereux homme que ce Valere!

ANGÉLIQUE.

Que je fuis malheureufe! entre dans ma fituation, Lifette! Que dois-je faire? Confeille-moi, je t'en conjure.

LISETTE.

Quel conseil pouvez-vous attendre de moi ?

ANGÉLIQUE.

Celui que t'inspirera l'intérêt que tu prends à ce qui me touche.

LISETTE.

On ne peut vous donner que deux sortes de conseil, l'un d'oublier Valere, & l'autre de vous roidir contre l'autorité paternelle; vous avez trop d'amour pour suivre le premier, j'ai la conscience trop délicate pour vous donner le second, cela est embarrassant, comme vous voyez.

ANGÉLIQUE.

Ah ! Lisette, tu me désesperes !

LISETTE.

Attendez, il me semble pourtant que l'on peut concilier votre amour & ma conscience; oui, allons trouver votre mere.

ANGÉLIQUE.

Que lui dire ?

LISETTE.

Avouons-lui tout, elle aime qu'on la flatte, qu'on la caresse; flattons-la, caressons-la; dans le fond elle a de l'amitié pour vous, & elle obligera peut-être M. Oronte à retirer sa parole.

ANGÉLIQUE.

Tu as raison, Lisette, mais je crains...

LISETTE.

Quoi ?

ANGÉLIQUE.

Tu connois ma mere; son esprit a si peu de fermeté.

LISETTE.

Il est vrai qu'elle est toujours du sentiment de celui qui lui parle le dernier : n'importe, ne laissons pas de l'attirer dans notre parti. Mais je la vois, retirez-vous pour un moment vous reviendrez quand je vous en ferai signe.

SCÈNE V.

MADAME ORONTE, LISETTE.

LISETTE, *sans faire semblant de voir madame Oronte.*

Il faut convenir que madame Oronte est une des plus aimables femmes de Paris.

MADAME ORONTE.

Vous êtes flatteuse, Lisette.

LISETTE.

Ah! Madame, je ne vous voyois pas! ces

paroles que vous venez d'entendre font la suite d'un entretien que je viens d'avoir avec mademoiselle Angélique au sujet de son mariage. Vous avez, lui disois-je, la plus judicieuse de toutes les meres la plus raisonnable.

MADAME ORONTE.

Effectivement, Lisette, je ne ressemble gueres aux autres femmes : c'est toujours la raison qui me détermine.

LISETTE.

Sans doute.

MADAME ORONTE.

Je n'ai ni entêtement ni caprice.

LISETTE.

Et avec cela vous êtes la meilleure mere du monde; je mets en fait, que si votre fille avoit de la répugnance à épouser Damis, vous ne voudriez pas contraindre là-dessus son inclination.

MADAME ORONTE.

Moi, la contraindre! moi, gêner ma fille! à Dieu ne plaise que je fasse la moindre violence à ses sentimens. Dites-moi, Lisette, auroit-elle de l'aversion pour Damis ?

LISETTE.

Eh! mais...

MADAME ORONTE.

Ne me cachez rien.

LISETTE.

Puifque vous voulez fçavoir les chofes, Madame, je vous dirai qu'elle a de la répugnance pour ce mariage.

MADAME ORONTE.

Elle a peut-être une paffion dans le cœur.

LISETTE.

Oh! Madame, c'eft la regle. Quand une fille a de l'averfion pour un homme qu'on lui deftine pour mari, cela fuppofe toujours qu'elle a de l'inclination pour un autre. Vous m'avez dit, par exemple, que vous haïffiez M. Oronte la première fois qu'on vous le propofa, parce que vous aimiez un officier qui mourut au fiége de Candie.

MADAME ORONTE.

Il eft vrai que fi ce pauvre garçon ne fût pas mort, je n'aurois jamais époufé M. Oronte.

LISETTE.

Hé bien! Madame, Mademoifelle votre fille eft dans la même difpofition où vous étiez avant le fiége de Candie.

MADAME ORONTE.

Eh! qui eft donc le cavalier qui a trouvé le fecret de lui plaire

LISETTE.

C'est ce jeune gentilhomme qui vient jouer chez vous depuis quelques jours.

MADAME ORONTE.

Qui ? Valere.

LISETTE.

Lui-même.

MADAME ORONTE.

A propos, vous m'en faites souvenir. Il nous regardoit hier, Angélique & moi, avec des yeux si passionnés ! Êtes-vous bien assurée, Lisette, que c'est de ma fille qu'il est amoureux ?

LISETTE, *fait signe à Angélique de s'approcher.*

Oui, Madame, il me l'a dit lui-même, & il m'a chargé de vous prier, de sa part, de trouver bon qu'il vienne vous en faire la demande.

SCÈNE VI.

MADAME ORONTE, ANGÉLIQUE, LISETTE.

ANGÉLIQUE.

Pardonnez, Madame, si mes sentimens ne sont pas conformes aux vôtres; mais vous sçavez...

MADAME ORONTE.

Je sçais bien qu'une fille ne regle pas toujours les mouvemens de son cœur sur les vues de ses parens; mais je suis tendre, je suis bonne, j'entre dans vos peines. En un mot, j'agrée la recherche de Valere.

ANGÉLIQUE.

Je ne puis vous exprimer, Madame, tout le ressentiment que j'ai de vos bontés.

LISETTE.

Ce n'est pas assez, Madame, M. Oronte est un petit opiniâtre. Si vous ne soutenez pas avec rigueur...

MADAME ORONTE.

Oh! n'ayez point d'inquiétude là-dessus. Je prends Valere sous ma protection. Ma fille n'aura point d'autre époux que lui : c'eſt moi qui vous le dis. Mon mari vient. Vous allez voir de quel ton je vais lui parler.

SCÈNE VII.

MADAME ORONTE, M. ORONTE, ANGÉLIQUE, LISETTE.

MADAME ORONTE.

Vous venez fort à propos, Monſieur, j'ai à vous dire que je ne ſuis plus dans le deſſein de marier ma fille à Damis.

M. ORONTE.

Ah! ah! peut-on ſçavoir, Madame, pourquoi vous avez changé de réſolution ?

MADAME ORONTE.

C'eſt qu'il ſe préſente un meilleur parti pour Angélique. Valere la demande. Il n'eſt pas, à la vérité, ſi riche que Damis; mais il eſt gentilhomme, &, en faveur de ſa nobleſſe, nous devons lui paſſer ſon peu de bien.

LISETTE.

Bon !

M. ORONTE.

J'eſtime Valere, &, ſans faire attention à ſon

Scène VII.

peu de bien, je lui donnerois très volontiers ma fille, fi je le pouvois, avec honneur; mais cela ne fe peut pas, Madame.

MADAME ORONTE.

D'où vient, Monfieur?

M. ORONTE.

D'où vient? Voulez-vous que nous manquions de parole à M. Orgon, notre ancien ami? Avez-vous quelque fujet de vous plaindre de lui?

MADAME ORONTE.

Non.

LISETTE, *bas*.

Courage : ne moliffez point.

M. ORONTE.

Pourquoi donc lui faire un pareil affront? Songez que le contrat eft figné; que tous les préparatifs font faits, & que nous n'attendons que Damis. La chofe n'eft-elle pas trop avancée pour s'en dédire?

MADAME ORONTE.

Effectivement, je n'avois pas fait toutes ces réflexions.

LISETTE, *bas*.

Adieu, la girouette va tourner.

MONSIEUR ORONTE.

Vous êtes trop raiſonnable, Madame, pour vouloir vous oppoſer à ce mariage.

MADAME ORONTE.

Oh ! je ne m'y oppoſe pas.

LISETTE.

Mort de ma vie ! Eſt-ce là une femme ? Elle ne contredit point.

MADAME ORONTE.

Vous le voyez, Liſette, j'ai fait ce que j'ai pu pour Valere.

LISETTE.

Oui, vraiment, voilà un amant bien protégé !

SCÈNE VIII.

M. ORONTE, MADAME ORONTE, ANGÉLIQUE, LISETTE, LA BRANCHE.

M. ORONTE.

J'APPERÇOIS le valet de M. Damis.

LA BRANCHE.

Très humble ſerviteur à M. et à Madame Oronte; ſerviteur très humble à mademoiſelle Angélique; bonjour Liſette.

M. ORONTE.

Eh bien! la Branche, quelle nouvelle?

LA BRANCHE.

Monſieur Damis, votre gendre & mon maître, vient d'arriver de Chartres. Il marche ſur mes pas. J'ai pris les devants pour vous en avertir.

ANGÉLIQUE, *bas.*

O ciel!

M. ORONTE.

Je l'attendois avec impatience; mais pourquoi n'eſt-il pas venu tout droit chez moi?

Dans les termes où nous en fommes, doit-il faire ces façons-là ?

LA BRANCHE.

Oh ! Monfieur, il fçait trop bien vivre pour en ufer fi familierement avec vous; c'eft le garçon de France qui a les meilleures manieres. Quoique je fois fon valet, je n'en puis dire que du bien.

MADAME ORONTE.

Eft-il poli ? eft-il fage ?

LA BRANCHE.

S'il eft fage. Madame, il a été élevé avec la plus brillante jeuneffe de Paris. Tudieu ! c'eft une tête bien fenfée.

M. ORONTE.

Et M. Orgon n'eft-il pas avec lui ?

LA BRANCHE.

Non, Monfieur, de vives atteintes de goutte l'ont empêché de fe mettre en chemin.

M. ORONTE.

Le pauvre bon-homme !

LA BRANCHE.

Cela l'a pris fubitement la veille de notre départ. Voici une lettre qu'il vous écrit. (*Il donne une lettre à M. Oronte.*)

Scène VIII.

M. ORONTE *lit le dessus.*

A Monsieur, Monsieur Craquet, médecin, dans la rue du Sépulchre.

LA BRANCHE, *reprenant la lettre.*

Ce n'est point cela, Monsieur.

M. ORONTE, *riant.*

Voilà un médecin qui loge dans le quartier de ses malades.

LA BRANCHE *tire plusieurs lettres, & en lit les adresses.*

J'ai plusieurs lettres que je me suis chargé de rendre à leurs adresses. Voyons celle-ci... (*Il lit.*) A Monsieur Bredouillet, avocat au Parlement, rue des Mauvaises-Paroles. Ce n'est point encore cela : passons à l'autre... (*Il lit*). A Monsieur Gourmandin, chanoine de... Ouais ! je ne trouverai point celle que je cherche .. (*Il lit.*) A Monsieur Oronte. Ah ! voici la lettre de M. Orgon... (*Il la donne*). Il l'a écrite d'une main si tremblante, que vous n'en reconnoîtrez pas l'écriture.

M. ORONTE.

En effet, elle n'est pas reconnoissable.

LA BRANCHE.

La goutte est un terrible mal. Le ciel vous en veuille préserver, aussi bien que madame

Oronte, mademoiselle Angélique, Lisette & toute la compagnie.

M. ORONTE *lit.*

Je me disposois à partir avec Damis ; mais la goutte m'en a empêché. Néanmoins, comme ma présence n'est point absolument nécessaire à Paris, je n'ai pas voulu que mon indisposition retardât un mariage qui fait ma plus chere envie, & toute la consolation de ma vieillesse. Je vous envoie mon fils. Servez-lui de pere comme à votre fille. Je trouverai bon tout ce que vous ferez.

De Chartres,

Votre affectionné serviteur,

ORGON.

Que je le plains !... Mais qui est ce jeune homme qui s'avance ? Ne seroit-ce point Damis ?

LA BRANCHE.

C'est lui-même. Qu'en dites-vous, Madame ? N'a-t-il pas un air qui prévient en sa faveur ?

SCÈNE IX.

M. ORONTE, MADAME ORONTE, ANGÉLIQUE, LISETTE, LA BRANCHE, CRISPIN.

MADAME ORONTE.

Il n'eſt pas mal fait, vraiment!

CRISPIN.

La Branche?

LA BRANCHE.

Monſieur?

CRISPIN.

Eſt-ce là M. Oronte, mon illuſtre beau-pere?

LA BRANCHE.

Oui. Vous le voyez en propre original.

M. ORONTE.

Soyez le bien venu, mon gendre, embraſſez-moi.

CRISPIN, *embraſſant Oronte.*

Ma joie eſt extrême de pouvoir vous témoigner l'extrême joie que j'ai de vous embraſſer. Voilà, ſans doute, l'aimable enfant qui m'eſt deſtinée?

M. ORONTE.

Non, mon gendre, c'est ma femme. Voici ma fille Angélique.

CRISPIN.

Malepeste ! la jolie famille ! je ferois volontiers ma femme de l'une, & ma maîtresse de l'autre.

MADAME ORONTE.

Cela est trop galant. Il paroît avoit de l'esprit.

LISETTE.

Et du goût même.

CRISPIN.

Quel air ! quelle grâce ! quelle noble fierté ! Ventrebleu ! Madame, vous êtes toute adorable. Mon pere me le disoit bien : tu verras madame Oronte : c'est la beauté la plus piquante...

MADAME ORONTE.

Fi donc.

CRISPIN.

La plus desag... je voudrois, dit-il, qu'elle fût veuve, je l'aurois bientôt épousée.

M. ORONTE, *riant.*

Je lui suis parbleu ! bien obligé.

Scène IX.

MADAME ORONTE.

Je l'eſtime infiniment, monſieur votre pere. Que je ſuis fâchée qu'il n'ait pû venir avec vous !

CRISPIN.

Qu'il eſt mortifié de ne pouvoir être de la nôce ! Il ſe propoſoit bien de danſer la bourée avec madame Oronte.

LA BRANCHE.

Il vous prie d'achever promptement ce mariage ; car il a une furieuſe impatience d'avoir ſa brû auprès de lui.

M. ORONTE.

Eh ! mais toutes les conditions ſont arrêtées entre nous & ſignées. Il ne reſte plus qu'à terminer la choſe & compter la dot.

CRISPIN.

Compter la dot ! Oui, c'eſt fort bien dit. La Branche ! Permettez que je donne une commiſſion à mon valet. Va chez le Marquis... (*Bas.*) Va-t'en arrêter des chevaux pour cette nuit, tu m'entends... (*Haut.*) Et tu lui diras que je lui baiſe les mains.

LA BRANCHE, *ſortant.*

J'y vole.

SCÈNE X.

M. ORONTE, MADAME ORONTE, ANGÉLIQUE, LISETTE, CRISPIN.

M. ORONTE.

Revenons à votre pere : je fuis très affligé de fon indifpofition ; mais fatisfaites, je vous prie, ma curiofité. Dites-moi un peu des nouvelles de fon procès.

CRISPIN, *d'un air inquiet.*

La Branche?

M. ORONTE.

Vous êtes bien ému ! Qu'avez-vous ?

CRISPIN, *bas.*

Maugrebleu de la queftion !... (*Haut.*) J'ai oublié de charger la Branche... (*Bas.*) Il devoit me parler de ce procès-là !

M. ORONTE.

Il reviendra. Eh bien ! ce procès a-t-il enfin été jugé ?

CRISPIN.

Oui, Dieu merci, l'affaire en eft faite.

Scène X.

M. ORONTE.

Et vous l'avez gagné ?

CRISPIN.

Avec dépens.

M. ORONTE.

J'en fuis ravi, je vous aſſûre.

MADAME ORONTE.

Le ciel en foit loué.

CRISPIN.

Mon pere avoit cette affaire à cœur. Il auroit donné tout ſon bien aux juges, plutôt que d'en avoir le démenti.

M. ORONTE.

Ma foi ! cette affaire lui a bien coûté de l'argent, n'eſt-ce pas ?

CRISPIN.

Je vous en réponds ; mais la juſtice eſt une ſi belle choſe, qu'on ne ſçauroit trop l'acheter.

M. ORONTE.

J'en conviens ; mais, outre cela, ce procès lui a bien donné de la peine.

CRISPIN.

Ah ! cela n'eſt pas concevable ! Il avoit affaire au plus grand chicaneur, au moins raiſonnable de tous les hommes.

M. ORONTE.

Qu'appellez-vous de tous les hommes ? Il m'a dit que sa partie étoit une femme.

CRISPIN.

Oui, sa partie étoit une femme : d'accord; mais cette femme avoit dans ses intérêts un certain vieux Normand qui lui donnoit des conseils. C'est cet homme-là qui a bien fait de la peine à mon pere... Mais changeons de discours. Laissons-là les procès. Je ne veux m'occuper que de mon mariage, & que du plaisir de voir madame Oronte.

M. ORONTE.

Eh bien ! allons, mon gendre, entrons : je vais ordonner les apprêts de vos nôces.

CRISPIN, *donnant la main à madame Oronte.*

Madame ?

MADAME ORONTE.

Vous n'êtes pas à plaindre, ma fille. Damis a du mérite.

SCÈNE XI.

ANGÉLIQUE, LISETTE.

ANGÉLIQUE.

Hélas ! que vais-je devenir ?

LISETTE.

Vous allez devenir femme de M. Damis. Cela n'eſt pas difficile à deviner.

ANGÉLIQUE.

Ah ! Liſette, tu ſçais mes ſentimens : montre-toi ſenſible à mes peines !

LISETTE, *pleurant.*

La pauvre enfant !

ANGÉLIQUE.

Auras-tu la dureté de m'abandonner à mon ſort ?

LISETTE.

Vous me fendez le cœur.

ANGÉLIQUE.

Liſette, ma chere Liſette !

LISETTE.

Ne m'en dites pas davantage. Je ſuis ſi touchée, que je pourrois bien vous donner quelque mauvais conseil, & je vous vois si affligée, que vous ne manqueriez pas de le suivre.

SCÈNE XII.

ANGÉLIQUE, VALERE, LISETTE.

VALERE, *à part.*

CRISPIN m'a dit de ne point paroître ici de quelques jours; qu'il méditoit un stratagème; mais il ne m'a point expliqué ce que c'est. Je ne puis vivre dans cette incertitude.

LISETTE.

Valere vient.

VALERE.

Je ne me trompe point; c'est elle-même. Belle Angélique, de grâce, apprenez-moi vous-même ma destinée; quel en sera le fruit?... Mais quoi! vous pleurez l'une & l'autre!

LISETTE.

Eh! oui, Monsieur, nous pleurons, nous nous désespérons. Votre rival est arrivé.

VALERE.

Qu'est-ce que j'entends!

Scène XII.

LISETTE.

Et dès ce foir il époufera ma maîtreffe.

VALERE.

Jufte ciel !

LISETTE.

Si du moins, après fon mariage, elle demeuroit à Paris, paffe encore. Vous pourriez quelquefois tous deux pleurer enfemble vos déplaifirs ; mais, pour comble de chagrin, il faudra que vous pleuriez féparément.

VALERE.

J'en mourrai ; mais, Lifette, qui eft donc cet heureux rival qui m'enleve ce que j'ai de plus cher au monde ?

LISETTE.

On le nomme Damis.

VALERE.

Damis !

LISETTE.

C'eft un homme de Chartres.

VALERE.

Je connois tout ce pays-là, & je ne fache point qu'il y ait un autre Damis que le fils de M. Orgon.

LISETTE.

Juftement, c'eft le fils de M. Orgon qui eft votre rival.

VALERE.

Ah! si nous n'avons que ce Damis à craindre, nous devons nous rassûrer.

ANGÉLIQUE.

Que dites-vous, Valere?

VALERE.

Cessons de nous affliger, charmante Angélique. Damis depuis huit jours s'est marié à Chartres.

LISETTE.

Bon!

ANGÉLIQUE.

Vous vous mocquez, Valere. Damis est ici qui s'apprête à recevoir ma main.

LISETTE.

Il est en ce moment au logis avec M. & madame Oronte.

VALERE.

Damis est de mes amis, & il n'y a pas huit jours qu'il m'a écrit. J'ai sa lettre chez moi.

ANGÉLIQUE.

Que vous mande-t-il?

VALERE.

Qu'il s'est marié secrettement à Chartres avec une fille de condition.

LISETTE.

Marié secrettement! oh! oh! approfondissons un peu cette affaire. Il me paroît qu'elle en vaut bien la peine. Allez, Monsieur; allez querir cette lettre, & ne perdez point de tems.

VALERE.

Dans un moment je suis de retour.

LISETTE.

Et nous, ne négligeons point cette nouvelle. Je suis fort trompée, si nous n'en tirons pas quelque avantage. Elle nous servira, du moins, à faire suspendre pour quelque tems votre mariage. Je vois venir M. Oronte. Pendant que je la lui apprendrai, courez en faire part à madame votre mere.

SCÈNE XIII.

M. ORONTE, LISETTE.

M. ORONTE.

Valere vient de vous quitter, Lisette.

LISETTE.

Oui, Monsieur. Il vient de nous dire une chose qui vous surprendra, sur ma parole!

M. ORONTE.
Eh ! quoi !

LISETTE.
Par ma foi ! Damis est un plaisant homme, de vouloir avoir deux femmes, pendant que tant d'honnêtes gens sont si fâchés d'en avoir une !

M. ORONTE.
Explique-toi, Lisette ?

LISETTE.
Damis est marié. Il a épousé secrettement une fille de Chartres, une fille de qualité.

M. ORONTE.
Bon ! cela se peut-il, Lisette ?

LISETTE.
Il n'y a rien de plus véritable, Monsieur. Damis l'a mandé lui-même à Valere, qui est son ami.

M. ORONTE.
Tu me contes une fable, te dis-je.

LISETTE.
Non, Monsieur, je vous assûre. Valere est allé querir la lettre : il ne tiendra qu'à vous de la voir.

M. ORONTE.
Encore un coup, je ne puis croire ce que tu dis.

Scène XIII.

LISETTE.

Eh! Monſieur, pourquoi ne le croirez-vous pas? Les jeunes gens ne ſont-ils pas aujourd'hui capables de tout?

M. ORONTE.

Il eſt vrai qu'ils ſont plus corrompus qu'ils ne l'étoient de mon tems.

LISETTE.

Que ſçavons-nous, ſi Damis n'eſt point un de ces petits ſcélérats qui ne ſe font point un ſcrupule de la pluralité des dots? Cependant la perſonne qu'il a épouſée, étant de condition, ce mariage clandeſtin aura des ſuites qui ne ſeront pas fort agréables pour vous.

M. ORONTE.

Ce que tu dis ne laiſſe pas de mériter qu'on y faſſe quelque attention.

LISETTE.

Comment! quelque attention : ſi j'étois à votre place, avant que de livrer ma fille, je voudrois, du moins, être éclairci de la choſe.

M. ORONTE.

Tu as raiſon. Je vois paroître le valet de Damis. Il faut que je le ſonde finement. Retire-toi, Liſette, & me laiſſe avec lui.

LISETTE, *en s'en allant.*

Si cette nouvelle pouvoit ſe çonfirmer!

SCÈNE XIV.

M. ORONTE, LA BRANCHE.

M. ORONTE.

Approche, la Branche, viens-ça, je te trouve une phifionomie d'honnête homme.

LA BRANCHE.

Oh! Monfieur, fans vanité, je fuis encore plus honnête homme que ma phifionomie.

M. ORONTE.

J'en fuis bien aife. Écoute; ton maître a la mine d'un vert galand.

LA BRANCHE.

Tudieu! c'eft un joli homme. Les femmes en font folles. Il a un certain air libre qui les charme. M. Orgon, en le mariant, affure le repos de trente familles pour le moins.

M. ORONTE.

Cela étant, je ne m'étonne point qu'il ait pouffé à bout une fille de qualité.

LA BRANCHE.

Que dites-vous?

Scène XIV.

M. ORONTE.

Il faut, mon ami, que tu me confesses la vérité. Je sçais tout, je sçais que Damis est marié ; qu'il a épousé une fille de Chartres.

LA BRANCHE.

Ouf !

M. ORONTE.

Tu te troubles ; je vois qu'on m'a dit vrai : tu es un fripon.

LA BRANCHE.

Moi, Monsieur ?

M. ORONTE.

Oui, toi, pendart ! je suis instruit de votre dessein, & je prétends te faire punir comme complice d'un projet si criminel.

LA BRANCHE.

Quel projet, Monsieur ? Que je meure si je comprends...

M. ORONTE.

Tu feins d'ignorer ce que je veux dire, traître ! mais si tu ne me fais tout à l'heure un aveu sincere de toutes choses, je vais te mettre entre les mains de la justice.

LA BRANCHE.

Faites tout ce qu'il vous plaira, Monsieur ; je n'ai rien à vous avouer. J'ai beau donner la torture à mon esprit, je ne devine point le sujet de plaintes que vous pouvez avoir contre moi.

M. ORONTE.

Tu ne veux donc point parler. Hola ! quelqu'un : qu'on me fasse venir un commissaire.

LA BRANCHE.

Attendez, Monsieur, point de bruit. Tout innocent que je suis, vous le prenez sur un ton qui ne laisse point d'embarrasser mon innocence. Allons, éclaircissons-nous tous deux de sang-froid. Ça, qui vous a dit que mon maître étoit marié ?

M. ORONTE.

Qui ? il l'a mandé lui-même à un de ses amis, à Valere.

LA BRANCHE.

A Valere, dites-vous ?

M. ORONTE.

A Valere, oui. Que répondras-tu à cela ?

LA BRANCHE, *riant.*

Rien, parbleu ! Le trait est excellent, ah ! ah ! Monsieur Valere ! Vous ne vous y prenez pas mal, ma foi !

M. ORONTE.

Comment ! Qu'est-ce que cela signifie ?

Scène XIV.

LA BRANCHE, *riant*.

On nous l'avoit bien dit, qu'il nous régaleroit, tôt ou tard, d'un plat de fa façon. Il n'y a pas manqué, comme vous le voyez.

M. ORONTE.

Je ne vois point cela.

LR BRANCHE.

Vous l'allez voir, vous l'allez voir. Premièrement ce Valere aime mademoifelle votre fille, je vous en avertis.

M. ORONTE.

Je le fçais bien.

LA BRANCHE.

Lifette eft dans fes intérêts. Elle entre dans toutes les mefures qu'il prend pour faire réuffir fa recherche. Je vais parier que c'eft elle qui vous aura débité ce menfonge-là.

M. ORONTE.

Il eft vrai.

LA BRANCHE.

Dans l'embarras où l'arrivée de mon maître les a jetés tous deux, qu'ont-ils fait ? Ils ont fait courir le bruit que Damis étoit marié. Valere même montre une lettre fuppofée qu'il dit avoir reçue de mon maître; & tout cela, vous m'entendez bien, pour fufpendre le mariage d'Angélique.

M. ORONTE, *bas.*

Ce qu'il dit eſt aſſez vraiſemblable.

LA BRANCHE.

Et, pendant que vous approfondirez ce faux bruit, Liſette gagnera l'eſprit de ſa maîtreſſe, & lui fera faire quelque mauvais pas ; après quoi vous ne pourrez plus la refuſer à Valere.

M. ORONTE.

Hon ! hon ! ce raiſonnement eſt aſſez juſte.

LA BRANCHE.

Mais, ma foi ! les trompeurs feront trompés. M. Oronte eſt homme d'eſprit, homme de tête, ce n'eſt point à lui qu'il faut ſe jouer.

M. ORONTE.

Non, parbleu !

LA BRANCHE.

Vous ſçavez toutes les rubriques du monde, toutes les ruſes qu'un amant met en uſage pour ſupplanter ſon rival.

M. ORONTE.

Je t'en réponds. Je vois bien que ton maître n'eſt point marié. Admirez un peu la fourberie de Valere ! Il aſſûre qu'il eſt intime ami de Damis, & je vais parier qu'ils ne ſe connoiſſent ſeulement pas.

LA BRANCHE.

Sans doute. Malepeste! Monsieur, que vous êtes pénétrant! Comment! rien ne vous échappe.

M. ORONTE.

Je ne me trompe gueres dans mes conjectures. J'apperçois ton maître. Je veux rire avec lui de son prétendu mariage, ah, ah, ah, ah!

LA BRANCHE.

Hé, hé, hé, hé, hé, hé, hé!

SCÈNE XV.

M. ORONTE, LA BRANCHE, CRISPIN.

M. ORONTE, *riant.*

Vous ne sçavez pas, mon gendre, ce que l'on dit de vous? Que cela est plaisant! On m'est venu donner avis (mais avis comme d'une chose assûrée) que vous étiez marié? Vous avez, dit-on, épousé secrettement une fille de Chartres. Ah, ah, ah, ah, est-ce que vous ne trouvez pas cela plaisant?

LA BRANCHE, *riant & faisant des signes à Crispin.*

Hé, hé, hé, hé, il n'y a rien de si plaisant!

CRISPIN.

Ho, ho, ho, ho, cela est tout à fait plaisant.

M. ORONTE.

Un autre, j'en suis sûr, seroit assez sot pour donner là-dedans; mais moi, serviteur.

LA BRANCHE.

Oh diable! M. Oronte est un des plus gros génies!

CRISPIN.

Je voudrois sçavoir qui peut être l'auteur d'un bruit si ridicule!

LA BRANCHE.

Monsieur dit que c'est un gentilhomme appellé Valere.

CRISPIN, *faisant l'étonné.*

Valere! Qui est cet homme-là?

LA BRANCHE, *à M. Oronte.*

Vous voyez bien, Monsieur, qu'il ne le connoît pas... (*A Crispin.*) Hé! là c'est ce jeune homme que tu sçais... que vous sçavez, dis-je... qui est votre rival, à ce qu'on nous a dit.

CRISPIN.

Ah! oui, oui, je m'en souviens : à telles enseignes qu'on nous a dit qu'il a peu de bien, & qu'il doit beaucoup; mais qu'il couche en joue la fille de M. Oronte, & que ſes créanciers font des vœux très ardens pour la proſpérité de ce mariage.

M. ORONTE.

Ils n'ont qu'à s'y attendre, vraiment, ils n'ont qu'à s'y attendre !

LA BRANCHE.

Il n'eſt pas ſot, ce Valere ! Il n'eſt, parbleu pas ſot.

M. ORONTE.

Je ne ſuis pas bête non plus ; je ne ſuis pal-ſembleu ! pas bête ; &, pour le lui faire voir, je vais de ce pas chez mon notaire ; ou plutôt, Damis, j'ai une propoſition à vous faire. Je ſuis convenu, je l'avoue, avec M. Orgon de vous donner vingt mille écus en argent comptant ; mais voulez-vous prendre pour cette ſomme ma maiſon du fauxbourg Saint-Germain ? Elle m'a coûté plus de quatre-vingt mille francs à bâtir.

CRISPIN.

Je ſuis homme à tout prendre ; mais, entre nous, j'aimerois mieux de l'argent comptant.

LA BRANCHE.

L'argent, comme vous ſçavez, eſt plus portatif.

M. ORONTE.

Affûrément.

CRISPIN.

Oui, cela fe met mieux dans une valife. C'eft qu'il fe vend une terre auprès de Chartres, je voudrois bien l'acheter.

LA BRANCHE.

Ah ! Monfieur, la belle acquifition ! fi vous aviez vû cette terre-là, vous en feriez charmé

CRISPIN.

Je l'aurai pour vingt-cinq mille écus, & je fuis affûré qu'elle en vaut bien foixante mille.

LA BRANCHE.

Au moins, Monfieur, au moins. Comment ! fans parler du refte, il y a deux étangs où l'on pêche chaque année pour deux mille francs de goujon.

M. ORONTE.

Il ne faut pas laiffer échapper une fi belle occafion. Écoutez, j'ai chez mon notaire cinquante mille écus que je réfervois pour acheter le château d'un certain financier qui va bientôt difparoître, je veux vous en donner la moitié.

CRISPIN, *embraffant M. Oronte.*

Ah ! quelle bonté, M. Oronte ! Je n'en perdrai jamais la mémoire, une éternelle reconnoissance... mon cœur... enfin, j'en suis tout pénétré.

LA BRANCHE.

M. Oronte est le Phénix des beaux-peres.

M. ORONTE.

Je vais vous querir cet argent, mais je rentre auparavant pour donner cet avis à ma femme.

CRISPIN.

Les créanciers de Valere vont se pendre.

M. ORONTE.

Qu'ils se pendent; je veux que dans une heure vous épousiez ma fille.

CRISPIN.

Ah, ah, que cela sera plaisant

LA BRANCHE.

Oui, oui, c'est cela qui fera tout à fait drôle.

SCÈNE XVI.

CRISPIN, LA BRANCHE.

CRISPIN.

Il faut que mon maître ait eu un éclaircissement avec Angélique, & qu'il connoisse Damis.

LA BRANCHE.

Ils se connoissent si bien, qu'ils s'écrivent, comme tu vois; mais, graces à mes soins, M. Oronte est prévenu contre Valere, & j'espere que nous aurons la dot en croupe avant qu'il soit désabusé.

CRISPIN.

O ciel !

LA BRANCHE.

Qu'as-tu, Crispin ?

CRISPIN.

Mon maître vient ici.

LA BRANCHE.

Le fâcheux contre-tems.

SCÈNE XVII.

VALERE, LA BRANCHE, CRISPIN.

VALERE.

Je puis avec cette lettre entrer chez M. Oronte; mais je vois un jeune homme, seroit-ce Damis? Abordons-le; il faut que je m'éclaircisse... Juste ciel ! c'est Crispin !

CRISPIN.

C'est moi-même. Que diable venez-vous faire ici ? Ne vous ai-je pas défendu d'approcher de la maison de M. Oronte? Vous allez détruire tout ce que mon industrie a fait pour vous.

VALERE.

Il n'est pas nécessaire d'employer aucun stratagème pour moi, mon cher Crispin.

CRISPIN.

Pourquoi ?

VALERE.

Je sçais le nom de mon rival, il s'appelle Damis; je n'ai rien à craindre, il est marié.

CRISPIN.

Damis marié ! Tenez, Monsieur, voilà son

valet que j'ai mis dans vos intérêts ; il va vous dire de ſes nouvelles.

VALERE.

Seroit-il poſſible que Damis ne m'eût pas mandé une choſe véritable ? A quel propos m'avoir écrit dans ces termes... (*Il lit la lettre de Damis.*)

De Chartres.

Vous ſçaurez, cher ami, que je me ſuis marié en cette ville ces jours paſſés. J'ai épouſé ſecrettement une fille de condition. J'irai bientôt à Paris, où je prétens vous faire de vive voix tout le détail de ce mariage.

DAMIS.

LA BRANCHE.

Ah ! Monſieur, je ſuis au fait. Dans le tems que mon maître vous a écrit cette lettre, il avoit effectivement ébauché un mariage ; mais M. Orgon, au lieu d'approuver l'ébauche, a donné une groſſe ſomme au pere de la fille, & a, par ce moyen, aſſoupi la choſe.

VALERE.

Damis n'eſt donc point marié !

LA BRANCHE.

Bon !

Scène XVII.

CRISPIN.

Eh non !

VALERE.

Ah ! mes enfans, j'implore votre secours. Quelle entreprise as-tu formée, Crispin ? Tu n'as pas voulu tantôt m'en instruire. Ne me laisse pas plus long-tems dans l'incertitude. Pourquoi ce déguisement ? Que prétens-tu faire en ma faveur ?

CRISPIN.

Votre rival n'est point encore à Paris : il n'y sera que dans deux jours. Je veux avant ce tems-là dégoûter M. & madame Oronte de son alliance.

VALERE.

De quelle maniere ?

CRISPIN.

En passant pour Damis. J'ai déjà fait beaucoup d'extravagances, je tiens des discours insensés, je fais des actions ridicules, qui révoltent à tout moment contre moi le pere & la mere d'Angélique. Vous connoissez le caractère de madame Oronte, elle aime les louanges ; je lui dis des duretés qu'un petit-maître n'oseroit dire à une femme de Robe.

VALERE.

Eh bien ?

CRISPIN.

Eh bien ? je ferai & dirai tant de fottifes, qu'avant la fin du jour je prétens qu'ils me chaffent, & qu'ils prennent la réfolution de vous donner Angélique.

VALERE.

Et Lifette, entre-t-elle dans ce ftratagème ?

CRISPIN.

Oui, Monfieur, elle agit de concert avec nous.

VALERE.

Ah ! Crifpin, que ne te dois-je pas !

CRISPIN.

Demandez par plaifir à ce garçon-là fi je joue bien mon rôle.

LA BRANCHE.

Ah ! Monfieur, que vous avez là un domeftique adroit ! c'eft le plus grand fourbe de Paris ; il m'arrache cet éloge : je ne le feconde pas mal à la vérité ; & fi notre entreprife réuffit, vous ne m'aurez pas moins d'obligation qu'à lui.

VALERE.

Vous pouvez tous deux compter fur ma reconnoiffance ; je vous promets.

CRISPIN.

Eh ! Monfieur, laiffez-là les promeffes ; fon-

Scène XVII.

gez que si l'on vous voyoit avec nous, tout seroit perdu. Retirez-vous, & ne paroissez point ici d'aujourd'hui.

VALERE.

Je me retire donc. Adieu, mes amis; je me repose sur vos soins.

LA BRANCHE.

Ayez l'esprit tranquille, Monsieur; éloignez-vous vîte; abandonnez-nous votre fortune.

VALERE.

Souvenez-vous que mon sort...

CRISPIN.

Que de discours !

VALERE.

Dépend de vous.

CRISPIN, *le repoussant.*

Allez-vous-en, vous dis-je.

SCENE XVIII.

CRISPIN, LA BRANCHE.

LA BRANCHE.

Enfin il est parti.

CRISPIN.

Je respire.

LA BRANCHE.

Nous avons eu une alarme assez chaude ; je mourois de peur que M. Oronte ne nous surprît avec ton maître.

CRISPIN.

C'est ce que je craignois aussi ; mais comme nous n'avions que cela à craindre, nous sommes assûrés du succès de notre projet : nous pouvons à présent choisir la route que nous avons à prendre. As-tu arrêté des chevaux pour cette nuit !

LA BRANCHE, *regardant de loin*.

Oui.

CRISPIN.

Bon ; je suis d'avis que nous prenions le chemin de Flandres.

Scène XVIII.

LA BRANCHE, *regardant toujours.*

Le chemin de Flandres ? oui, c'eſt fort bien raiſonné. J'opine auſſi pour le chemin de Flandres.

CRISPIN.

Que regardes-tu donc avec tant d'attention ?

LA BRANCHE.

Je regarde... Oui... Non... Ventrebleu ! feroit-ce lui ?

CRISPIN.

Qui, lui ?

LA BRANCHE.

Hélas ! voilà toute ſa figure !

CRISPIN.

La figure de qui ?

LA BRANCHE.

Criſpin, mon pauvre Criſpin, c'eſt M. Orgon.

CRISPIN.

Le pere de Damis ?

LA BRANCHE.

Lui-même.

CRISPIN.

Le maudit vieillard !

LA BRANCHE.

Je crois que tous les diables ſont déchaînés contre la dot.

CRISPIN.

Il vient ici ; il va entrer chez M. Oronte, & tout va ſe découvrir.

LA BRANCHE.

C'eſt ce qu'il faut empêcher, s'il eſt poſſible. Va m'attendre à l'auberge ; ce que je crains le plus, c'eſt que M. Oronte ne ſorte pendant que je lui parlerai.

SCÈNE XIX.

M. ORGON, LA BRANCHE.

M. ORGON, *à part*.

JE ne ſçais quel accueil je vais recevoir de M. & de madame Oronte.

LA BRANCHE, *bas*.

Vous n'êtes pas encore chez eux... (*Haut*.) Serviteur à M. Orgon.

M. ORGON.

Ah ! je ne te voyois pas, la Branche !

LA BRANCHE.

Comment ! Monſieur, c'eſt donc ainſi que vous ſurprenez les gens ? Qui vous croyoit à Paris ?

M. ORGON.

Je ſuis parti de Chartres peu de tems après toi, parce que j'ai fait réflexion qu'il valoit mieux que je parlaſſe moi-même à M. Oronte,

Scène XIX.

& qu'il n'étoit pas honnête de retirer ma parole par le miniftere d'un valet.

LA BRANCHE.

Vous êtes délicat fur les bienféances, à ce que je vois. Si bien donc que vous allez trouver M. & madame Oronte?

M. ORGON.

C'eft mon deffein.

LA BRANCHE.

Rendez graces au ciel de me rencontrer ici à propos pour vous en empêcher.

M. ORGON.

Comment! les as-tu déjà vus toi, la Branche?

LA BRANCHE.

Eh! oui, morbleu! je les ai vus; je fors de chez eux : Madame Oronte eft dans une colere horrible contre vous.

M. ORGON.

Contre moi?

LA BRANCHE.

Contre vous! Eh! quoi, a-t-elle dit : M. Orgon nous manque de parole; qui l'auroit cru? Ma fille déformais ne doit plus efpérer d'établiffement.

M. ORGON.

Quel tort cela peut-il faire à fa fille?

LA BRANCHE.

C'eſt ce que je lui ai répondu; mais comment voulez-vous qu'une femme en colere entende raiſon ? c'est tout ce qu'elle peut faire de ſens froid : elle a fait là-deſſus des raiſonnemens bourgeois; on ne croira point dans le monde, a-t-elle dit, que Damis ait été obligé d'épouſer une fille de Chartres; on dira plutôt que M. Orgon a approfondi nos biens, & que, ne les ayant pas trouvés ſolides, il a retiré ſa parole.

M. ORGON.

Fi donc; peut-elle s'imaginer qu'on dira cela ?

LA BRANCHE.

Vous ne ſçauriez croire juſqu'à quel point la fureur s'eſt emparée de ſes ſens : elle a les yeux dans la tête; elle ne connoît perſonne; elle m'a pris à la gorge, & j'ai eu toutes les peines du monde à me tirer de ſes griffes.

M. ORGON.

Et M. Oronte !

LA BRANCHE.

Oh ! pour M. Oronte, je l'ai trouvé plus modéré, lui; il m'a ſeulement donné deux ſoufflets.

Scène XIX.

M. ORGON.

Tu m'étonnes, la Branche ! peuvent-ils être capables d'un pareil emportement ? & doivent-ils trouver mauvais que j'aie confenti au mariage de mon fils ? Ne leur en as-tu pas expliqué toutes les circonftances ?

LA BRANCHE.

Pardonnez-moi, je leur ai dit que monfieur votre fils ayant commencé par où l'on finit d'ordinaire, la famille de votre bru fe préparoit à vous faire un procès que vous avez fagement prévenu en uniffant les parties.

M. ORGON.

Ils ne fe font pas rendus à cette raifon ?

LA BRANCHE.

Bon ! rendus ; ils font bien en état de fe rendre : fi vous m'en croyez, Monfieur, vous retournerez à Chartres tout à l'heure.

M. ORGON, *veut entrer chez M. Oronte.*

Non, la Branche, je veux les voir, & leur repréfenter fi bien les chofes, que.....

LA BRANCHE, *le retenant.*

Vous n'entrerez pas, Monfieur, je vous affure ; je ne fouffrirai point que vous alliez vous faire dévifager. Si vous leur voulez parler abfolument, laiffez paffer leurs premiers tranfports.

M. ORGON.

Cela est de bon sens.

LA BRANCHE.

Remettez votre visite à demain; ils seront plus disposés à vous recevoir.

M. ORGON.

Tu as raison; ils seront dans une situation moins violente. Allons, je veux suivre ton conseil.

LA BRANCHE.

Cependant, Monsieur, vous ferez ce qu'il vous plaira, vous êtes le maître.

M. ORGON.

Non, non, viens la Branche, je les verrai demain.

SCÈNE XX.

LA BRANCHE *seul*.

JE marche sur vos pas, ou plutôt je vais trouver Crispin. Nous voilà pour le coup au-dessus de toutes les difficultés. Il ne me reste plus qu'un petit scrupule au sujet de la dot. Il me fâche de la partager avec un asso-

Scène XX. 67

cié ; car enfin, Angélique ne pouvant être à mon maître, il me semble que la dot m'appartient de droit toute entiere. Comment tromperai-je Crispin ? Il faut que je lui conseille de passer la nuit avec Angélique : ce sera sa femme une fois. Il l'aime, & il est homme à suivre ce conseil. Pendant qu'il s'amusera à la bagatelle, je déménagerai avec le solide. Mais, non, rejettons cette pensée : ne nous brouillons point avec un homme qui en sçait aussi long que moi. Il pourroit bien quelque jour avoir sa revanche. D'ailleurs, ce seroit aller contre nos loix. Nous autres gens d'intrigue, nous nous gardons les uns aux autres une fidélité plus exacte que les honnêtes gens. Voici M. Oronte qui sort de chez lui pour aller chez son notaire. Quel bonheur d'avoir éloigné d'ici M. Orgon !

SCÈNE XXI.

M. ORONTE, LISETTE.

LISETTE.

Je vous le dis encore, Monsieur, Valere est honnête homme, & vous devez approfondir...

M. ORONTE.

Tout n'est que trop approfondi, Lisette; je sçais que vous êtes dans les intérêts de Valere; & je suis fâché que vous n'ayez pas inventé ensemble un meilleur expédient pour m'obliger à différer le mariage de Damis.

LISETTE.

Quoi! Monsieur, vous vous imaginez...

M. ORONTE.

Non, Lisette, je ne m'imagine rien. Je suis facile à tromper : moi! Je suis le plus pauvre génie du monde. Allez, Lisette, dites à Valere qu'il ne sera jamais mon gendre. C'est de quoi il peut assûrer messieurs ses créanciers.

SCÈNE XXII.

LISETTE, *seule*.

Ouais! que signifie tout ceci ? Il y a quelque chose là-dedans qui passe ma pénétration.

SCÈNE XXIII.

VALERE, LISETTE.

VALERE, *à part*.

Quoi que m'ait dit Crispin, je ne puis attendre tranquillement le succès de son artifice. Après tout, je ne sçais pourquoi il m'a recommandé avec tant de soin de ne point paroître ici; car, enfin, au lieu de détruire son stratagème, je pourrois l'appuyer.

LISETTE.

Ah! Monsieur!

VALERE.

Eh bien! Lisette?

LISETTE.

Vous avez tardé bien long-tems ; où est la lettre de Damis ?

VALERE.

La voici ; mais elle nous sera inutile. Dis-moi plutôt, Lisette, comment va le stratagème ?

LISETTE.

Quel stratagème ?

VALERE.

Celui que Crispin a imaginé pour mon amour.

LISETTE.

Crispin ! Qu'est-ce que c'est que ce Crispin ?

VALERE.

Eh parbleu ! c'est mon valet.

LISETTE.

Je ne le connois pas.

VALERE.

C'est pousser trop loin la dissimulation, Lisette. Crispin m'a dit que vous étiez tous deux d'intelligence.

LISETTE.

Je ne sçais ce que vous voulez dire, Monsieur.

VALERE.

Ah ! c'en eſt trop, je perds patience, je ſuis au déſeſpoir.

SCÈNE XXIV.

MADAME ORONTE, ANGÉLIQUE, VALERE, LISETTE.

MADAME ORONTE.

JE ſuis bien aiſe de vous trouver, Valere, pour vous faire des reproches. Un galant homme doit-il ſuppoſer des lettres ?

VALERE.

Suppoſer, moi, Madame ! Qui peut m'avoir rendu un ſi mauvais office auprès de vous ?

LISETTE.

Eh ! Madame, monsieur Valere n'a rien ſuppoſé ; il y a de la manigance dans cette affaire... Mais voici monſieur Oronte qui revient, M. Orgon eſt avec lui. Nous allons tout découvrir.

SCÈNE XXV.

M. ORONTE, M. ORGON, VALERE,
MADAME ORONTE,
ANGÉLIQUE LISETTE.

M. ORONTE.

Il y a de la friponnerie là-dedans, monsieur Orgon.

M. ORGON.

C'est ce qu'il faut éclaircir, monsieur Oronte

M. ORONTE.

Madame, je viens de rencontrer M. Orgon en allant chez mon notaire; il vient, dit-il, à Paris, pour retirer sa parole : Damis est effectivement marié.

M. ORGON.

Il est vrai, Madame, & quand vous sçaurez toutes les circonstances de ce mariage, vous excuserez...

M. ORONTE.

Monsieur Orgon n'a pû se dispenser d'y consentir; mais ce que je ne comprens pas, c'est qu'il assûre que son fils est actuellement à Chartres.

Scène XXV.

M. ORGON.

Sans doute.

MADAME ORONTE.

Cependant, il y a ici un jeune homme qui se dit votre fils.

M. ORGON.

C'est un imposteur.

M. ORONTE.

Et la Branche, ce même valet qui étoit ici avec vous il y a quinze jours, l'appelle son maître.

M. ORGON.

La Branche! dites-vous? Ah! le pendart! Je ne m'étonne plus s'il m'a tout à l'heure empêché d'entrer chez vous. Il m'a dit que vous étiez tous deux dans une colere épouvantable contre moi, & que vous l'aviez maltraité, lui.

MADAME ORONTE.

Le menteur!

LISETTE, *bas.*

Je vois l'enclouure, ou peu s'en faut.

VALERE, *bas.*

Mon traître se feroit-il joué de moi?

M. ORONTE.

Nous allons approfondir cela, car les voici tous deux.

SCÈNE XXVI.

M. ORONTE, MADAME ORONTE,
M. ORGON, VALERE,
ANGÉLIQUE, LISETTE, CRISPIN,
LA BRANCHE.

CRISPIN.

Eh bien ! monsieur Oronte, tout est-il prêt ? Notre mariage... Ouf ! qu'est-ce que je vois ?

LA BRANCHE.

Ahi ! nous sommes découverts ; sauvons-nous. (*Ils veulent se retirer, mais Valere court à eux, & les arrête.*)

VALERE.

Oh ! vous ne nous échapperez pas, messieurs les marauds, & vous serez traités comme vous le méritez. (*Valere met la main sur l'épaule de Crispin. M. Oronte & M. Orgon se saisissent de la Branche.*)

M. ORONTE.

Ah ! ah ! nous vous tenons, fourbes.

M. ORGON, *à la Branche.*

Dis-nous, méchant ? Qui est cet autre frippon que tu fais passer pour Damis ?

Scène XXVI.

VALERE

C'est mon valet.

MADAME ORONTE.

Un valet ! juste ciel ! un valet !

VALERE.

Un perfide qui me fait accroire qu'il est dans mes intérêts, pendant qu'il emploie pour me tromper le plus noir de tous les artifices.

CRISPIN.

Doucement, Monsieur, doucement; ne jugeons point sur les apparences.

M. ORGON, *à la Branche.*

Et toi, coquin, voilà donc comme tu fais les commissions que je te donne.

LA BRANCHE.

Allons, Monsieur, allons bride en main, s'il vous plaît; ne condamnons point les gens sans les entendre.

M. ORGON.

Quoi ! tu voudrois soutenir que tu n'es pas un maître frippon.

LA BRANCHE, *d'un ton pleureur.*

Je suis un frippon, fort bien. Voyez les douceurs qu'on s'attire en servant avec affection.

VALERE, *à Crispin.*

Tu ne demeureras pas d'accord non plus, toi, que tu es un fourbe, un scélérat?

CRISPIN, *d'un ton emporté.*

Scélérat, fourbe; que diable! Monsieur, vous me prodiguez des épithetes qui ne me conviennent point du tout.

VALERE.

Nous aurons encore tort de soupçonner votre fidélité, traîtres!

M. ORONTE.

Que direz-vous pour vous justifier, misérables?

LA BRANCHE.

Tenez, voilà Crispin, qui va vous tirer d'erreur.

CRISPIN.

La Branche vous expliquera la chose en deux mots.

LA BRANCHE.

Parle, Crispin; fais-leur voir notre innocence.

CRISPIN.

Parle toi-même, la Branche, tu les auras bientôt désabusés.

Scène XXVI.

LA BRANCHE.
Non, non; tu débrouilleras mieux le fait.

CRISPIN.
Eh bien ! Meſſieurs, je vais vous dire la choſe naturellement. J'ai pris le nom de Damis, pour dégoûter par mon air ridicule Monſieur et Madame Oronte, de l'alliance de M. Orgon, & les mettre par-là dans une diſpoſition favorable pour mon maître; mais au lieu de les rebuter par mes manieres impertinentes, j'ai eu le malheur de leur plaire, ce n'eſt pas ma faute, une fois.

M. ORONTE.
Cependant ſi on t'avoit laiſſé faire, tu aurois pouſſé la feinte, juſqu'à épouſer ma fille.

CRISPIN.
Non, Monſieur; demandez à la Branche, nous venions ici vous découvrir tout.

VALERE.
Vous ne ſçauriez donner à votre perfidie, des couleurs qui puiſſent nous éblouir; puiſque Damis eſt marié, il étoit inutile que Criſpin fît le perſonnage qu'il a fait.

CRISPIN.
Eh bien ! Meſſieurs, puiſque vous ne vou-

lez pas nous abfoudre comme innocens, faites-nous donc grace comme à des coupables. Nous implorons votre bonté. (*Il fe met à genoux devant M. Oronte.*)

LA BRANCHE, *fe mettant auffi à genoux.*

Oui, nous avons recours à votre clémence.

CRISPIN.

Franchement, la dot nous a tentés. Nous fommes accoutumés à faire des fourberies, pardonnez-nous celle-ci à caufe de l'habitude.

M. ORONTE.

Non, non, votre audace ne demeurera point impunie.

LA BRANCHE.

Eh, Monfieur! laiffez-vous toucher, nous vous en conjurons par les beaux yeux de Madame Oronte.

CRISPIN.

Par la tendreffe que vous devez avoir pour une femme fi charmante.

MADAME ORONTE.

Ces pauvres garçons me font pitié, je demande grâce pour eux.

LISETTE, *bas.*

Les habiles frippons que voilà!

Scène XXVI.

M. ORGON.

Vous êtes bienheureux, pendarts, que Madame Oronte intercede pour vous.

M. ORONTE.

J'avois grande envie de vous faire punir; mais puifque ma femme le veut, oublions le paffé; auffi-bien je donne aujourd'hui ma fille à Valere, il ne faut fonger qu'à fe réjouir... (*Aux Valets.*) On vous pardonne donc; & même fi vous voulez me promettre que vous vous corrigerez, je ferai encore affez bon pour me charger de votre fortune.

CRISPIN, *fe relevant.*

Oh! Monfieur, nous vous le promettons.

LA BRANCHE, *fe relevant.*

Oui, Monfieur; nous fommes fi mortifiés de n'avoir pas réuffi dans notre entreprife, que nous renonçons à toutes les fourberies.

M. ORONTE.

Vous avez de l'efprit, mais il en faut faire un meilleur ufage, & pour vous rendre honnêtes gens, je veux vous mettre tous deux dans les affaires. J'obtiendrai pour toi, la Branche, une bonne commiffion.

LA BRANCHE.

Je vous réponds, Monfieur, de ma bonne volonté.

M. ORONTE.

Et pour le valet de mon gendre, je lui ferai époufer la filleule d'un fous-fermier de mes amis.

CRISPIN.

Je tâcherai, Monfieur, de mériter par ma complaifance toutes les bontés du parrain.

M. ORONTE.

Ne demeurons pas ici plus long-tems. Entrons, j'efpere que M. Orgon voudra bien honorer de fa préfence les nôces de ma fille.

M. ORGON.

J'y veux danfer avec Madame Oronte. (*M. Orgon donne la main à madame Oronte, & Valere à Angélique.*)

FIN

TURCARET

COMÉDIE

EN CINQ ACTES, EN PROSE

Repréfentée par les Comédiens François ordinaires
du Roi, le 14 février 1709.

CRITIQUE

DE LA

COMÉDIE DE TURCARET

PAR LE DIABLE BOITEUX

CRITIQUE

DE LA

COMÉDIE DE TURCARET

PAR LE DIABLE BOITEUX

DIALOGUE

ASMODÉE; D. CLÉOFAS.

ASMODÉE.

Puisque mon magicien m'a remis en liberté, je vais vous faire parcourir tout le monde, & je prétends chaque jour offrir à vos yeux de nouveaux objets.

D. CLÉOFAS.

Vous aviez bien raifon de me dire que vous allez bon train tout boiteux que vous êtes :

comment diable, nous étions tout à l'heure à Madrid ; je n'ai fait que fouhaiter d'être à Paris, & je m'y trouve. Ma foi, Seigneur Asmodée, c'eft un plaifir de voyager avec vous.

ASMODÉE.

N'eft-il pas vrai ?

D. CLÉOFAS.

Affurément. Mais dites-moi, je vous en prie, dans quel lieu vous m'avez tranfporté. Nous voici sur un théâtre, je vois des décorations, des loges, un parterre ; il faut que nous foyons à la Comédie.

ASMODÉE.

Vous l'avez dit ; & l'on va repréfenter tout à l'heure une piece nouvelle, dont j'ai voulu vous donner le divertiffement. Nous pouvons, fans crainte d'être vus ni écoutés, nous entretenir en attendant qu'on commence.

D. CLÉOFAS.

La belle affemblée ! que de dames !

ASMODÉE.

Il y en auroit encore davantage, fans les fpectacles de la Foire : la plupart des femmes y courent avec fureur. Je fuis ravi de les voir dans le goût de leurs laquais & de leurs cochers : c'eft à caufe de cela que je m'oppofe au deffein des comédiens, j'infpire tous les jours de nouvelles chicanes aux bateleurs. C'est moi qui leur ai fourni le Suisse.

CLÉOFAS.

Que voulez-vous dire par vôtre Suisse ?

ASMODÉE.

Je vous expliquerai cela une autre fois; ne soyons préfentement occupés que de ce qui frappe nos yeux. Remarquez-vous combien on a de peine à trouver des places ? Sçavez-vous ce qui fait la foule ? C'est que c'est aujourd'hui la premiere repréfentation d'une comédie où l'on joue un homme d'affaires. Le public aime à rire aux dépens de ceux qui le font pleurer.

D. CLÉOFAS.

C'est-à-dire que les gens d'affaires font tous des...

ASMODÉE.

C'est ce qui vous trompe : il y a de fort honnêtes gens dans les affaires. J'avoue qu'il n'y en a pas un très grand nombre; mais il y en a qui, fans s'écarter des principes de l'honneur & de la probité, ont fait ou font actuellement leur chemin, & dont la robe & l'épée ne dédaignent pas l'alliance. L'auteur refpecte ceux-là. Effectivement il auroit tort de les confondre avec les autres. Enfin, il y a d'honnêtes gens dans toutes les professions. Je connois même des commissaires & des greffiers qui ont de la conscience.

D. CLÉOFAS.

Sur ce pied-là, cette comédie n'offense point les honnêtes gens qui sont dans les affaires.

ASMODÉE.

Comme le Tartuffe que vous avez lu offense les vrais dévots. Hé, pourquoi les gens d'affaires s'offenseroient-ils de voir sur la scène un sot, un frippon de leur corps ? Cela ne tombe point sur le général. Ils seroient donc plus délicats que les courtisans & les gens de robe, qui voient tous les jours avec plaisir représenter des marquis fats et des juges ignorans & corruptibles.

D. CLÉOFAS.

Je suis curieux de sçavoir comment la piece sera reçue : apprenez-le moi, de grace, par avance.

ASMODÉE.

Les diables ne connoissent point l'avenir, je vous l'ai déjà dit. Mais, quand nous aurions cette connoissance, je crois que le succès des comédies en seroit excepté, tant il est impénétrable.

D. CLÉOFAS.

L'auteur & les comédiens se flattent sans doute qu'elle réussira.

ASMODÉE.

Pardonnez-moi. Les comédiens n'en ont pas bonne opinion, & leurs pressentimens, quoiqu'ils ne soient pas infaillibles, ne laissent pas d'effrayer l'auteur, qui s'est allé cacher aux troisièmes loges, où, pour surcroît de chagrin, il vient d'arriver auprès de lui un caissier & un agent de change, qui disent avoir ouï parler de sa pièce, & qui la déchirent impitoyablement. Par bonheur pour lui, il est si sourd qu'il n'entend pas la moitié de leur paroles.

D. CLÉOFAS.

Oh! je crois qu'il y a bien des caissiers & des agens de change dans cette assemblée.

ASMODÉE.

Oui, je vous assure; je ne vois partout que des cabales de commis & d'auteurs, que des siffleurs dispersés & prêts à se répondre.

D. CLÉOFAS.

Mais l'auteur n'a-t-il pas aussi ses partisans?

ASMODÉE.

Ho qu'oui! Il a ici ses amis, avec les amis de ses amis. De plus, on a répandu dans le

8.

parterre quelques grenadiers de police pour tenir les commis en refpect. Cependant, avec tout cela, je ne voudrois pas répondre de l'événement. Mais taifons-nous, les acteurs paroiffent. Vous entendez affez le français pour juger de la pièce : écoutons-la ; &, après que le parterre en aura décidé, nous réformerons fon jugement, ou nous le confirmerons.

Turcaret

COMÉDIE

ACTEURS

LA BARONNE, *jeune veuve, coquette.*

M. TURCARET, *traitant, amoureux de la Baronne.*

LE CHEVALIER, } *petits-maîtres.*
LE MARQUIS,

MADAME TURCARET, *femme de M. Turcaret.*

MADAME JACOB, *revendeuse à la toilette & sœur de M. Turcaret.*

MARINE, } *suivantes de la baronne.*
LISETTE,

FRONTIN, *valet du Chevalier.*

FLAMAND, *valet de M. Turcaret.*

M. RAFLE, *usurier.*

M. FURET, *fourbe.*

JASMIN, *petit laquais de la Baronne.*

La scène est à Paris, chez la Baronne.

TURCARET
COMÉDIE

ACTE PREMIER

SCÈNE PREMIÈRE.

LA BARONNE, MARINE.

MARINE.

Encore hier deux cents piſtoles !

LA BARONNE.

Ceſſe de me reprocher...

MARINE.

Non, madame, je ne puis me taire ; votre conduite eſt inſupportable.

LA BARONNE.

Marine!...

MARINE.

Vous mettez ma patience à bout.

LA BARONNE.

Hé ! comment veux-tu donc que je faſſe ? Suis-je femme à théſauriſer ?

MARINE.

Ce ſeroit trop exiger de vous ; & cependant je vous vois dans la néceſſité de le faire.

LA BARONNE.

Pourquoi ?

MARINE.

Vous êtes veuve d'un colonel étranger qui a été tué en Flandre l'année paſſée ; vous aviez déjà mangé le petit douaire qu'il vous avoit laiſſé en partant, & il ne vous reſtoit plus que vos meubles, que vous auriez été obligée de vendre ſi la fortune propice ne vous eût fait faire la précieuſe conquête de M. Turcaret le traitant. Cela n'eſt-il pas vrai, madame ?

LA BARONNE.

Je ne dis pas le contraire.

MARINE.

Or, ce M. Turcaret, qui n'eſt pas un homme fort aimable, & qu'auſſi vous n'aimez guere, quoique vous ayez deſſein de l'époufer, comme il vous l'a promis; M. Turcaret, dis-je, ne ſe preſſe pas de vous tenir parole, & vous attendez patiemment qu'il accompliſſe ſa promeſſe, parce qu'il vous fait tous les jours quelque préſent conſidérable; je n'ai rien à dire à cela; mais ce que je ne puis ſouffrir, c'eſt que vous vous ſoyez coiffée d'un petit chevalier joueur qui va mettre à la réjouiſſance les dépouilles du traitant. Hé! que prétendez-vous faire de ce chevalier?

LA BARONNE.

Le conſerver pour ami. N'eſt-il pas permis d'avoir des amis?

MARINE.

Sans doute, & de certains amis encore dont on peut faire son pis-aller. Celui-ci, par exemple, vous pourriez fort bien l'époufer, en cas que M. Turcaret vînt à vous manquer; car il n'eſt pas de ces chevaliers qui ſont conſacrés au célibat, et obligés de courir au ſecours de Malte : c'eſt un chevalier de Paris; il fait ſes caravanes dans les lanſquenets.

LA BARONNE,

Ho! je le crois un fort honnête homme.

MARINE.

J'en juge tout autrement. Avec ſes airs paſfionnés, fon ton radouci, fa face minaudiere je le crois un grand comédien ; & ce qui me confirme dans mon opinion, c'eft qu Frontin, fon bon valet Frontin, ne m'en a pas dit le moindre mal.

LA BARONNE.

Le préjugé eft admirable! Et tu conclus de là?...

MARINE.

Que le maître & le valet font deux fourbes qui s'entendent pour vous duper ; & vous vous laiffez furprendre à leurs artifices, quoiqu'il y ait déjà du tems que vous les connoiffiez. Il eft vrai que, depuis votre veuvage, il a été le premier à vous offrir brufquement fa foi ; & cette façon de fincérité l'a tellement établi chez vous, qu'il difpofe de votre bourfe comme de la fienne.

LA BARONNE.

Il eft vrai que j'ai été fenfible aux premiers foins du chevalier. J'aurois dû, je l'avoue, l'éprouver avant de lui découvrir mes fentimens ; & je conviendrai de bonne foi que tu as peut-être raifon de me reprocher tout ce que je fais pour lui.

MARINE.

Affurément, & je ne cefferai point de vous tourmenter que vous ne l'ayez chaffé de chez vous; car enfin, si cela continue, sçavez-vous ce qui en arrivera ?

LA BARONNE.

Hé ! quoi ?

MARINE.

Que M. Turcaret sçaura que vous voulez conserver le chevalier pour ami; & il ne croit pas, lui, qu'il soit permis d'avoir des amis. Il cessera de vous faire des présens, il ne vous épousera point; et si vous êtes réduite à épouser le chevalier, ce sera un fort mauvais mariage pour l'un & pour l'autre.

LA BARONNE.

Tes réflexions sont judicieuses, Marine; je veux songer à en profiter.

MARINE.

Vous ferez bien : il faut prévoir l'avenir. Envisagez dès à présent un établissement solide; profitez des prodigalités de M. Turcaret, en attendant qu'il vous épouse. S'il y manque, à la vérité on en parlera un peu dans le monde; mais vous aurez, pour vous en dédommager, de bons effets, de l'argent comptant, des bijoux, de bons billets au porteur, des contrats de rente; & vous trouverez alors quelque gentilhomme capricieux ou malaisé, qui réhabilitera votre réputation par un bon mariage.

Les.

LA BARONNE.

Je cede à tes raisons, Marine; je veux me détacher du chevalier, avec qui je sens bien que je me ruinerois à la fin.

MARINE.

Vous commencez à entendre raison. C'est là le bon parti. Il faut s'attacher à M. Turcaret, pour l'épouser ou pour le ruiner. Vous tirerez du moins, des débris de sa fortune, de quoi vous mettre en équipage, de quoi soutenir dans le monde une figure brillante; &, quoi que l'on puisse dire, vous lasserez les caquets, vous fatiguerez la médisance, & l'on s'accoutumera insensiblement à vous confondre avec les femmes de qualité.

LA BARONNE.

Ma résolution est prise; je veux bannir de mon cœur le chevalier; c'en est fait, je ne prends plus de part à sa fortune, je ne réparerai plus ses pertes, il ne recevra plus rien de moi.

MARINE.

Son valet vient, faites-lui un accueil glacé; commencez par là ce grand ouvrage que vous méditez.

LA BARONNE.

Laisse-moi faire.

SCÈNE II.

LA BARONNE, MARINE, FRONTIN.

FRONTIN.

Je viens de la part de mon maître, et de la mienne, madame, vous donner le bonjour.

LA BARONNE, *d'un air froid.*

Je vous en suis obligée, Frontin.

FRONTIN.

Et mademoiselle Marine veut bien aussi qu'on prenne la liberté de la saluer?

MARINE, *d'un air brusque.*

Bon jour et bon an.

FRONTIN, *préfentant un billet à la Baronne.*

Ce billet, que M. le chevalier vous écrit vous inftruira, madame, de certaine aventure...

MARINE, *bas à la baronne.*

Ne le recevez pas.

LA BARONNE, *prenant le billet.*

Cela n'engage à rien, Marine. Voyons, ce qu'il me mande.

MARINE.

Sotte curiosité !

LA BARONNE *lit.*

Je viens de recevoir le portrait d'une comtesse : je vous l'envoie & vous le sacrifie; mais vous ne devez point me tenir compte de ce sacrifice, ma chere baronne : je suis si occupé, si possédé de vos charmes, que je n'ai pas la liberté de vous être infidele. Pardonnez, mon adorable, si je ne vous en dis pas davantage; j'ai l'esprit dans un accablement mortel. J'ai perdu cette nuit tout mon argent, & Frontin vous dira le reste.

LE CHEVALIER.

MARINE.

Puisqu'il a perdu tout son argent, je ne vois pas qu'il y ait du reste à cela.

FRONTIN.

Pardonnez-moi. Outre les deux cents pistoles que madame eut la bonté de lui prêter hier, & le peu d'argent qu'il avoit d'ailleurs, il a encore perdu mille écus sur sa parole : voilà le reste. Ho ! diable, il n'y a pas un mot inutile dans les billets de mon maître.

LA BARONNE.

Où est le portrait ?

Acte I, scène II

FRONTIN, *donnant le portrait.*

Le voici.

LA BARONNE.

Il ne m'a point parlé de cette comtesse-là, Frontin !

FRONTIN.

C'est une conquête, madame, que nous avons faite sans y penser. Nous rencontrâmes l'autre jour cette comtesse dans un lansquenet.

MARINE.

Une comtesse de lansquenet !

FRONTIN.

Elle agaça mon maître : il répondit, pour rire, à ses minauderies. Elle, qui aime le sérieux, a pris la chose fort sérieusement ; elle nous a, ce matin, envoyé son portrait, nous ne sçavons pas seulement son nom.

MARINE.

Je vais parier que cette comtesse-là est une dame normande. Toute sa famille bourgeoise se cotise pour lui faire tenir à Paris une petite pension, que les caprices du jeu augmentent ou diminuent.

FRONTIN.

C'est ce que nous ignorons.

MARINE.

Ho! que non! vous ne l'ignorez pas. Pefte! vous n'êtes pas gens à faire fottement des facrifices! Vous en connoiffez bien le prix.

FRONTIN.

Sçavez-vous bien, madame, que cette dernière nuit a penfé être une nuit éternelle pour M. le chevalier? En arrivant au logis, il fe jette dans un fauteuil; il commence par fe rappeler les plus malheureux coups du jeu, affaifonnant fes réflexions d'épithetes & d'apoftrophes énergiques.

LA BARONNE, *regardant le portrait.*

Tu as vu cette comteffe, Frontin; n'eft-elle pas plus belle que fon portrait?

FRONTIN.

Non, madame; & ce n'eft pas, comme vous voyez, une beauté régulière; mais elle eft affez piquante, ma foi, elle eft assez piquante. Or, je voulus d'abord repréfenter à mon maître que tous fes juremens étoient des paroles perdues; mais, confidérant que cela foulage un joueur défefpéré, je le laiffai s'égayer dans fes apoftrophes.

LA BARONNE, *regardant toujours le portrait.*

Quel âge a-t-elle, Frontin?

FRONTIN.

C'eſt ce que je ne ſçais pas trop bien; car elle a le teint ſi beau, que je pourrois m'y tromper d'une bonne vingtaine d'années.

MARINE.

C'eſt-à-dire qu'elle a pour le moins cinquante ans.

FRONTIN.

Je le crois bien, car elle en paroît trente. Mon maître donc, apres avoir bien réfléchi, s'abandonne à la rage : il demande ſes piſtolets.

LA BARONNE.

Ses piſtolets, Marine ! ſes piſtolets !

MARINE.

Il ne ſe tuera point, madame, il ne ſe tuera point.

FRONTIN.

Je les lui refuſe; auſſitôt il tire bruſquement ſon épée.

LA BARONNE.

Ahi ! il s'eſt bleſſé, Marine, aſſurément.

MARINE.

Hé ! non, non; Frontin l'en aura empêché.

FRONTIN.

Oui, je me jette fur lui à corps perdu. « Monfieur le chevalier, lui dis-je, qu'allez-vous faire ? vous paffez les bornes de la douleur du lanfquenet. Si votre malheur vous fait haïr le jour, confervez-vous, du moins, vivez pour votre aimable baronne; elle vous a, jufqu'ici, tiré généreufement de tous vos embarras; & foyez sûr (ai-je ajouté feulement pour calmer fa fureur) qu'elle ne vous laiffera point dans celui-ci. »

MARINE, *bas*.

L'entend-il, le maraud ?

FRONTIN.

« Il ne s'agit que de mille écus une fois; M. Turcaret a bon dos, il portera bien encore cette charge-là. »

LA BARONNE.

Hé bien, Frontin ?

FRONTIN.

Hé bien, madame ! à ces mots (admirez le pouvoir de l'efpérance), il s'est laiffé défarmer comme un enfant; il s'eft couché et s'eft endormi.

MARINE.

Le pauvre chevalier !

FRONTIN.

Mais ce matin, à fon réveil, il a fenti renaître fes chagrins; le portrait de la comteffe ne les a point diffipés. Il m'a fait partir sur-le-champ pour venir ici, & il attend mon retour pour difpofer de fon fort. Que lui dirai-je, madame ?

LA BARONNE.

Tu lui diras, Frontin, qu'il peut toujours faire fond fur moi, & que, n'étant point en argent comptant... (*Elle veut tirer fon diamant.*)

MARINE, *la retenant.*

Hé ! madame, y fongez-vous ?

LA BARONNE, *remettant fon diamant.*

Tu lui diras que je fuis touchée de fon malheur.

MARINE.

Et que je fuis, de mon côté, tres fâchée de fon infortune.

FRONTIN.

Ah ! qu'il fera fâché, lui ! .. (*Bas.*) Maugrebleu de la foubrette !

LA BARONNE.

Dis-lui bien, Frontin, que je fuis fenfible à fes peines.

MARINE.

Que je sens vivement son affliction, Frontin.

FRONTIN.

C'en est donc fait, madame, vous ne verrez plus M. le chevalier. La honte de ne pouvoir payer ses dettes va l'écarter de vous pour jamais; car rien n'est plus sensible pour un enfant de famille. Nous allons tout à l'heure prendre la poste.

LA BARONNE.

Prendre la poste, Marine.

MARINE.

Ils n'ont pas de quoi la payer.

FRONTIN.

Adieu, madame.

LA BARONNE, *donnant le diamant à Frontin.*

Ho! je ne puis me résoudre à l'abandonner. Tiens, voilà un diamant de cinq cents pistoles que M. Turcaret m'a donné; va le mettre en gage & tire ton maître de l'affreuse situation où il se trouve.

FRONTIN.

Je vais le rappeler à la vie. Je lui rendrai compte, Marine, de l'excès de ton affliction. (*Il sort.*)

MARINE.

Ah ! que vous êtes tous deux bien enſemble, meſſieurs les frippons !

SCÈNE III.

LA BARONNE, MARINE.

LA BARONNE.

Tu vas te déchaîner contre moi, Marine, t'emporter...

MARINE.

Non, madame, je ne m'en donnerai pas la peine, je vous aſſure. Hé ! que m'importe, après tout, que votre bien s'en aille comme il vient ? Ce ſont vos affaires, madame, ce ſont vos affaires.

LA BARONNE.

Hélas ! je ſuis plus à plaindre qu'à blâmer : ce que tu me vois faire n'eſt point l'effet d'une volonté libre ; je ſuis entraînée par un penchant ſi tendre, que je ne puis y réſiſter.

MARINE.

Un penchant tendre ! Ces faibleſſes vous conviennent-elles ? Hé fi ! vous aimez comme une vieille bourgeoiſe.

LA BARONNE.

Que tu es injuste, Marine ! Puis-je ne pas sçavoir gré au chevalier du sacrifice qu'il me fait ?

MARINE.

Le plaisant sacrifice ! Que vous êtes facile à tromper ! Mort de ma vie ! c'est quelque vieux portrait de famille ; que sçait-on ? de sa grand'-mere peut-être.

LA BARONNE.

Non ; j'ai quelque idée de ce visage-là, & une idée récente.

MARINE, *prenant le portrait.*

Attendez... Ah ! justement, c'est ce colosse de provinciale que nous vîmes au bal il y a trois jours, qui se fit tant prier pour ôter son masque, & que personne ne connut quand elle fut démasquée.

LA BARONNE.

Tu as raison, Marine ; cette comtesse-là n'est pas mal faite.

MARINE, *rendant le portrait à la Baronne.*

A peu pres comme M. Turcaret. Mais si la comtesse étoit femme d'affaires, on ne vous la sacrifieroit pas, sur ma parole.

LA BARONNE.

Tais-toi, Marine, j'aperçois le laquais de M. Turcaret.

MARINE, *bas, à la Baronne.*

Ho ! pour celui-ci, paſſe ; il ne nous apporte que de bonnes nouvelles. Il tient quelque choſe ; c'eſt ſans doute un nouveau préſent que ſon maître vous fait.

SCÈNE IV.

LA BARONNE, MARINE, FLAMAND.

FLAMAND, *préſentant un petit coffret à la Baronne.*

M. Turcaret, madame, vous prie d'agréer ce petit préſent. Serviteur, Marine.

MARINE.

Tu fois le bien venu, Flamand ! j'aime mieux te voir que ce vilain Frontin.

LA BARONNE, *montrant le coffre à Marine.*

Conſidere, Marine, admire le travail de ce petit coffre : as-tu rien vu de plus délicat ?

MARINE.

Ouvrez, ouvrez, je réſerve mon admiration pour le dedans ; le cœur me dit que nous en ferons plus charmées que du dehors.

LA BARONNE *l'ouvre*.

Que vois-je ! un billet au porteur ! l'affaire est sérieuse.

MARINE.

De combien, madame ?

LA BARONNE.

De dix mille écus.

MARINE.

Bon, voilà la faute du diamant réparée.

LA BARONNE.

Je vois un autre billet.

MARINE.

Encore au porteur ?

LA BARONNE.

Non ; ce sont des vers que M. Turcaret m'adresse.

MARINE.

Des vers de M. Turcaret ?

LA BARONNE, *lisant*.

« A Philis... Quatrain... » Je suis la Philis, & il me prie en vers de recevoir son billet en prose.

MARINE.

Je suis fort curieuse d'entendre des vers d'un auteur qui envoie de si bonne prose.

LA BARONNE.

Les voici; écoute. (*Elle lit.*)
Recevez ce billet, charmante Philis,
Et soyez assurée que mon ame
Conservera toujours une éternelle flamme,
Comme il est certain que trois et trois font six.

MARINE.

Que cela est finement pensé !

LA BARONNE.

Et noblement exprimé ! Les auteurs se peignent dans leurs ouvrages... Allez, portez ce coffre dans mon cabinet, Marine. (*Marine sort.*) Il faut que je te donne quelque chose, à toi, Flamand. Je veux que tu boives à ma santé.

FLAMAND.

Je n'y manquerai pas, madame, & du bon encore.

LA BARONNE.

Je t'y convie.

FLAMAND.

Quand j'étois chez ce conseiller que j'ai servi ci-devant, je m'accommodois de tout; mais, depuis que je sis chez M. Turcaret, je sis devenu délicat, ouï.

LA BARONNE.

Rien n'est tel que la maison d'un homme

d'affaires pour perfectionner le goût. (*Marine revient.*)

FLAMAND.

Le voici, madame, le voici.

SCÈNE V.

LA BARONNE, M. TURCARET, MARINE.

LA BARONNE.

Je fuis ravie de vous voir, monfieur Turcaret, pour vous faire des complimens fur les vers que vous m'avez envoyés.

M. TURCARET, *riant*.

Ho, ho!

LA BARONNE.

Sçavez-vous bien qu'ils font du dernier galant? Jamais les Voitures ni les Pavillon n'en ont fait de pareils.

M. TURCARET.

Vous plaifantez, apparemment?

LA BARONNE.

Point du tout.

M. TURCARET.

Sérieusement, madame, les trouvez-vous bien tournés ?

LA BARONNE.

Le plus spirituellement du monde.

M. TURCARET.

Ce sont pourtant les premiers vers que j'aie faits de ma vie.

LA BARONNE.

On ne le diroit pas.

M. TURCARET.

Je n'ai pas voulu emprunter le secours de quelque auteur, comme cela se pratique.

LA BARONNE.

On le voit bien : les auteurs de profession ne pensent & ne s'expriment pas ainsi ; on ne sçauroit les soupçonner de les avoir faits.

M. TURCARET.

J'ai voulu voir, par curiosité, si je serois capable d'en composer, & l'amour m'a ouvert l'esprit.

LA BARONNE.

Vous êtes capable de tout, monsieur, & il n'y a rien d'impossible pour vous.

MARINE.

Votre profe, monfieur, mérite auffi des complimens : elle vaut bien votre poésie au moins.

M. TURCARET.

Il est vrai que ma profe a fon mérite; elle eft fignée par quatre fermiers généraux.

MARINE.

Cette approbation vaut mieux que celle de l'Académie.

LA BARONNE.

Pour moi, je n'approuve point votre profe, monfieur, & il me prend envie de vous quereller.

M. TURCARET.

D'où vient ?

LA BARONNE.

Avez-vous perdu la raifon, de m'envoyer un billet au porteur ? Vous faites tous les jours quelques folies comme cela.

M. TURCARET.

Vous vous moquez.

LA BARONNE.

De combien eft-il, ce billet ? Je n'ai pas pris garde à la fomme, tant j'étois en colere contre vous.

M. TURCARET.

Bon ! il n'eſt que de dix mille écus.

LA BARONNE.

Comment, dix mille écus ! Ah ! ſi j'avois ſçu cela, je vous l'aurois renvoyé sur-le-champ.

M. TURCARET.

Fi donc !

LA BARONNE.

Mais je vous le renverrai.

M. TURCARET.

Ho ! vous l'avez reçu, vous ne le rendrez point.

MARINE, *bas*.

Ho ! pour cela, non.

LA BARONNE.

Je ſuis plus offenſée du motif que de la choſe même.

M. TURCARET.

Hé ! pourquoi ?

LA BARONNE.

En m'accablant tous les jours de préſens, il ſemble que vous vous imaginiez avoir beſoin de ces liens-là pour m'attacher à vous.

M. TURCARET.

Quelle penſée ! Non, madame, ce n'eſt point dans cette vue que...

LA BARONNE.

Mais vous vous trompez, monſieur, je ne vous en aime pas davantage pour cela.

M. TURCARET.

Qu'elle eſt franche ! qu'elle eſt ſincere !

LA BARONNE.

Je ne ſuis ſenſible qu'à vos empreſſemens, qu'à vos soins...

M. TURCARET.

Quel bon cœur !

LA BARONNE.

Qu'au plaiſir de vous voir.

M. TURCARET.

Elle me charme... Adieu, charmante Philis.

LA BARONNE.

Quoi ! vous ſortez ſi tôt ?

M. TURCARET.

Oui, ma reine; je ne viens ici que pour vous ſaluer en paſſant. Je vais à une de nos aſſemblées, pour m'oppoſer à la réception d'un pied-plat, d'un homme de rien, qu'on veut faire entrer dans notre compagnie. Je reviendrai dès que je pourrai m'échapper. (*Il lui baiſe la main.*)

LA BARONNE.

Fussiez-vous déjà de retour !

MARINE, *faisant la révérence à M. Turcaret.*

Adieu, monsieur, je suis votre très humble servante.

M. TURCARET.

A propos, Marine, il me semble qu'il y a longtemps que je ne t'ai rien donné. (*Il lui donne une poignée d'argent.*) Tiens, je donne sans compter, moi.

MARINE.

Et moi, je reçois de même, monsieur. Ho ! nous sommes tous deux des gens de bonne foi ! (*Il sort.*)

SCÈNE VI.

LA BARONNE, MARINE.

LA BARONNE.

Il s'en va fort satisfait de nous, Marine.

MARINE.

Et nous demeurons fort contentes de lui madame. L'excellent sujet ! il a de l'argent, il eſt prodigue et crédule; c'eſt un homme fait pour les coquettes.

LA BARONNE.

J'en fais aſſez ce que je veux, comme tu vois.

MARINE.

Oui; mais, par malheur, je vois arriver ici des gens qui vengent bien M. Turcaret.

SCÈNE VII.

LA BARONNE, MARINE, LE CHEVALIER, FRONTIN.

LE CHEVALIER.

Je viens, madame, vous témoigner ma reconnoiſſance; ſans vous, j'aurois violé la foi des joueurs : ma parole perdoit tout ſon crédit, & je tombois dans le mépris des honnêtes gens.

LA BARONNE.

Je ſuis bien aiſe, chevalier, de vous avoir fait ce plaiſir.

LE CHEVALIER.

Ah! qu'il eſt doux de voir ſauver ſon honneur par l'objet même de ſon amour!

MARINE, *bas*.

Qu'il eſt tendre & paſſionné! Le moyen de lui refuſer quelque choſe!

LE CHEVALIER.

Bonjour, Marine. Madame, j'ai aussi quelques grâces à lui rendre; Frontin m'a dit qu'elle s'eſt intéreſſée à ma douleur.

MARINE.

Hé! oui, merci de ma vie! je m'y ſuis intéreſſée : elle nous coûte aſſez pour cela.

LA BARONNE, *à Marine*.

Taiſez-vous, Marine; vous avez des vivacités qui ne me plaiſent pas.

LE CHEVALIER.

Hé! madame, laissez-là parler; j'aime les gens francs et ſinceres.

MARINE.

Et moi, je hais ceux qui ne le ſont pas.

LE CHEVALIER.

Elle eſt toute ſpirituelle dans ſes mauvaiſes humeurs; elle a des réparties brillantes qui m'enlevent. Marine, au moins, j'ai pour vous ce qui s'appelle une véritable amitié; & je veux vous en donner des marques. (*Il fait ſemblant de fouiller dans ſes poches.*) Frontin, la première fois que je gagnerai, fais m'en reſſouvenir.

FRONTIN.

C'eſt de l'argent comptant.

MARINE.

J'ai bien affaire de ſon argent ! Hé ! qu'il ne vienne pas ici piller le nôtre.

LA BARONNE.

Prenez garde à ce que vous dites, Marine.

MARINE.

C'eſt voler au coin d'un bois.

LA BARONNE.

Vous perdez le reſpect.

LE CHEVALIER.

Ne prenez point la choſe ſérieuſement.

MARINE.

Je ne puis me contraindre, madame ; je ne puis voir tranquillement que vous ſoyez la dupe de monſieur, & que M. Turcaret ſoit la vôtre.

LA BARONNE.

Marine !...

MARINE.

Hé ! fi, fi, madame, c'eſt ſe moquer de recevoir d'une main pour diſſiper de l'autre. La belle conduite! Nous en aurons toute la honte, & M. le chevalier tout le profit.

LA BARONNE.

Ho! pour cela! vous êtes trop infolente; je n'y puis plus tenir.

MARINE.

Ni moi non plus.

LA BARONNE.

Je vous chafferai.

MARINE.

Vous n'aurez pas cette peine-là, madame; je me donne mon congé moi-même : je ne veux pas que l'on dife dans le monde que je fuis infructueufement complice de la ruine d'un financier.

LA BARONNE.

Retirez-vous, impudente! & ne reparoiffez jamais devant moi que pour me rendre vos comptes.

MARINE.

Je les rendrai à M. Turcaret, madame; & s'il eft affez fage pour m'en croire, vous compterez auffi tous deux enfemble. (*Elle fort.*)

SCÈNE VIII.

LA BARONNE, LE CHEVALIER, FRONTIN.

LE CHEVALIER.

Voilà, je l'avoue, une créature impertinente : vous avez eu raison de la chasser.

FRONTIN.

Oui, madame, vous avez eu raison : comment donc ! mais c'est une espece de mere que cette servante-là.

LA BARONNE.

C'est un pédant éternel que j'avois aux oreilles.

FRONTIN.

Elle se mêloit de vous donner des conseils ; elle vous auroit gâtée à la fin.

LA BARONNE.

Je n'avois que trop d'envie de m'en défaire ; mais je suis femme d'habitude, & je n'aime point les nouveaux visages.

LE CHEVALIER.

Il seroit pourtant fâcheux que, dans le premier mouvement de ſa colere, elle allât donner à M. Turcaret des impreſſions qui ne conviendroient ni à vous ni à moi.

FRONTIN.

Ho! diable, elle n'y manquera pas : les ſoubrettes ſont comme les bigotes : elles font des actions charitables pour ſe venger.

LA BARONNE.

De quoi s'inquiéter ? Je ne la crains point. J'ai de l'eſprit, & M. Turcaret n'en a guere : je ne l'aime point, et il eſt amoureux. Je ſçaurai me faire aupres de lui un mérite de l'avoir chaſſée.

FRONTIN.

Fort bien, madame; il faut tout mettre à profit.

LA BARONNE.

Mais je ſonge que ce n'eſt pas aſſez de nous être débarraſſés de Marine, il faut encore exécuter une idée qui me vient dans l'eſprit.

LE CHEVALIER.

Quelle idée, madame ?

LA BARONNE.

Le laquais de M. Turcaret, eſt un ſot, un benêt, dont on ne peut tirer le moindre ſervice; & je voudrois mettre à ſa place quelque habile homme, quelqu'un de ces génies supérieurs, qui sont faits pour gouverner les esprits médiocres, & les tenir toujours dans la situation dont on a besoin.

FRONTIN.

Quelqu'un de ces génies supérieurs ! Je vous vois venir, madame, cela me regarde.

LE CHEVALIER.

Mais, en effet, Frontin ne nous sera pas inutile auprès de notre traitant.

LA BARONNE.

Je veux l'y placer.

LE CHEVALIER.

Il nous rendra bon compte, n'est-ce pas ?

FRONTIN.

Je suis jaloux de l'invention; on ne pouvoit rien imaginer de mieux. Par ma foi, monsieur Turcaret, je vous ferai bien voir du pays, sur ma parole.

LA BARONNE.

Il m'a fait présent d'un billet au porteur de dix mille écus; je veux changer cet effet-là de nature : il en faut faire de l'argent Je ne connois personne pour cela, chevalier, chargez-vous de ce soin; je vais vous remettre le billet. Retirez ma bague, je suis bien aise de l'avoir, & vous me tiendrez compte du furplus.

FRONTIN.

Cela eft trop jufte, madame, & vous n'avez rien à craindre de notre probité.

LE CHEVALIER.

Je ne perdrai point de temps, madame, & vous aurez cet argent inceffamment.

LA BARONNE.

Attendez un moment, je vais vous donner le billet.

SCÈNE IX.

LE CHEVALIER, FRONTIN.

FRONTIN.

Un billet de dix mille écus ! La bonne aubaine, & la bonne femme ! Il faut être auffi heureux que vous l'êtes pour en rencontrer de pareilles. Sçavez-vous que je la trouve un peu trop crédule pour une coquette ?

LE CHEVALIER.

Tu as raifon.

FRONTIN.

Madame la baronne eſt perſuadée que vous avez perdu mille écus ſur votre parole, et que ſon diamant eſt en gage; le lui rendrez-vous, monſieur, avec le reſte du billet ?

LE CHEVALIER.

Si je lui rendrai !

FRONTIN.

Quoi ! tout entier, ſans quelque nouvel article de dépenſe ?

LE CHEVALIER.

Aſſurément; je me garderai bien d'y manquer.

FRONTIN.

Vous avez des momens d'équité; je ne m'y attendois pas.

LE CHEVALIER.

Je ferois un grand malheureux de m'expoſer à rompre avec elle à ſi bon marché.

FRONTIN.

Ah ! je vous demande pardon : j'ai fait un jugement téméraire; je croyois que vous vouliez faire les choſes à demi.

LE CHEVALIER.

Ho ! non. Si jamais je me brouille, ce ne ſera qu'apres la ruine totale de M. Turcaret.

FRONTIN.

Qu'apres sa destruction, là, son anéantissement.

LE CHEVALIER.

Je ne rends des soins à la coquette que pour ruiner le traitant.

FRONTIN.

Fort bien : à ces sentimens généreux je reconnois mon maître.

LE CHEVALIER.

Paix ! Frontin, voici la baronne.

SCÈNE X.

LE CHEVALIER, LA BARONNE, FRONTIN.

LA BARONNE.

Allez, chevalier, allez, sans tarder davantage, négocier ce billet, & me rendez ma bague le plus tôt que vous pourrez.

LE CHEVALIER.

Frontin, madame, va vous la rapporter incessamment; mais, avant que je vous quitte, souffrez que, charmé de vos manieres généreuses, je vous faſſe connoître...

LA BARONNE.

Non, je vous le défends; ne parlons point de cela.

LE CHEVALIER.

Quelle contrainte pour un cœur auſſi reconnoiſſant que le mien !

LA BARONNE, *s'en allant.*

Sans adieu, chevalier. Je crois que nous nous reverrons tantôt.

LE CHEVALIER, *s'en allant.*

Pourrois-je m'éloigner de vous ſans une ſi douce eſpérance ?

FRONTIN, *ſeul.*

J'admire le train de la vie humaine ! Nous plumons une coquette, la coquette mange un homme d'affaires, l'homme d'affaires en pille d'autres : cela fait un ricochet de fourberies le plus plaiſant du monde.

Fin du premier Acte.

ACTE DEUXIÈME

SCÈNE PREMIÈRE.

LA BARONNE, FRONTIN.

FRONTIN, *lui donnant le diamant.*

Je n'ai pas perdu de tems, comme vous voyez, madame; voilà votre diamant; l'homme qui l'avoit en gage me l'a remis entre les mains des qu'il a vû briller le billet au porteur, qu'il veut efcompter moyennant un tres honnête profit. Mon maître, que j'ai laiffé avec lui, va venir vous en rendre compte.

LA BARONNE.

Je fuis enfin débarraffée de Marine; elle a férieufement pris fon parti; j'appréhendois que ce ne fût qu'une feinte; elle est sortie. Ainsi, Frontin, j'ai besoin d'une femme de chambre; je te charge de m'en chercher une autre.

FRONTIN.

J'ai votre affaire en main : c'est une jeune personne douce, complaisante, comme il vous la faut; elle verroit tout aller sens dessus dessous dans votre maison sans dire une syllabe.

LA BARONNE.

J'aime ces caracteres-là. Tu la connois particulierement.

FRONTIN.

Très particulierement; nous sommes même un peu parens.

LA BARONNE.

C'est-à-dire que l'on peut s'y fier.

FRONTIN.

Comme à moi-même; elle est sous ma tutelle; j'ai l'administration de ses gages et de ses profits, & j'ai soin de lui fournir tous ses petits besoins.

LA BARONNE.

Elle sert sans doute actuellement ?

FRONTIN.

Non; elle est sortie de condition depuis quelques jours.

LA BARONNE.

Et pour quel sujet ?

FRONTIN.

Elle servoit des personnes qui menent une vie retirée, qui ne reçoivent que des visites sérieuses, un mari & une femme qui s'aiment, des gens extraordinaires; enfin, c'est une maison triste : ma pupille s'y est ennuyée.

LA BARONNE.

Où est-elle donc à l'heure qu'il est ?

FRONTIN.

Elle est logée chez une vieille prude de ma connoissance, qui, par charité, retire des femmes de chambre hors de condition, pour sçavoir ce qui se passe dans les familles.

LA BARONNE.

Je la voudrois avoir des aujourd'hui ; je ne puis me passer de fille.

FRONTIN.

Je vais vous l'envoyer, madame, ou vous l'amener moi-même : vous en serez contente. Je ne vous en ai pas dit toutes les bonnes qualités : elle chante et joue à ravir de toutes sortes d'instrumens.

LA BARONNE.

Mais, Frontin, vous me parlez là d'un fort joli sujet.

FRONTIN.

Je vous en réponds : aussi je la destine pour l'Opéra; mais je veux auparavant qu'elle se fasse dans le monde, car il n'en faut là que de toutes faites. (*Il s'en va.*)

LA BARONNE.

Je l'attends avec impatience.

SCÈNE II.

LA BARONNE, *seule.*

CETTE fille-là me fera d'un grand agrément; elle me divertira par ses chansons, au lieu que l'autre ne faisoit que me chagriner par sa morale. Mais je vois M. Turcaret : ah! qu'il paroît agité! Marine l'aura été trouver.

SCÈNE III.

LA BARONNE, M. TURCARET.

M. TURCARET, *essoufflé.*

Ouf! je ne sçais par où commencer, perfide!

LA BARONNE, *bas.*

Elle lui a parlé.

M. TURCARET.

J'ai appris de vos nouvelles, déloyale! j'ai appris de vos nouvelles : on vient de me rendre compte de vos perfidies, de votre dérangement.

LA BARONNE.

Le début est agréable, & vous employez de fort jolis termes, monsieur.

M. TURCARET.

Laissez-moi parler, je veux vous dire vos vérités; Marine me les a dites. Ce beau chevalier, qui vient ici à toute heure, & qui ne m'étoit pas suspect sans raison, n'est pas votre cousin, comme vous me l'avez fait accroire : vous avez des vues pour l'épouser & pour me planter là, moi, quand j'aurai fait votre fortune.

LA BARONNE.

Moi, monſieur, j'aimerois le chevalier!

M. TURCARET.

Marine me l'a aſſuré, & qu'il ne faiſoit figure dans le monde qu'aux dépens de votre bourſe & de la mienne, & que vous lui ſacrifiez tous les préſens que je vous fais.

LA BARONNE.

Marine eſt une jolie perſonne! Ne vous at-elle dit que cela, monſieur?

M. TURCARET.

Ne me répondez point, félonne! J'ai de quoi vous confondre; ne me répondez point. Parlez : qu'eſt devenu, par exemple, ce gros brillant que je vous donnai l'autre jour? Montrez-le tout à l'heure, montrez-le moi.

LA BARONNE.

Puiſque vous le prenez ſur ce ton-là, monſieur, je ne veux pas vous le montrer.

TURCARET.

Hé! ſur quel ton, morbleu, prétendez-vous donc que je le prenne? Oh! vous n'en ſerez pas quitté pour des reproches! Ne croyez pas que je ſois aſſez ſot pour rompre avec vous fans bruit, pour me retirer fans éclat. Je fuis honnête homme, j'aime de bonne foi, je n'ai que des vues légitimes ; je ne crains pas le fcandale, moi ! Ah ! vous n'avez point affaire à un abbé, je vous en avertis. (*Il entre dans la chambre de la Baronne*).

LA BARONNE.

Non, j'ai affaire à un extravagant, à un poffédé. Ho bien ! faites, monfieur, faites tout ce qu'il vous plaira, je ne m'y oppoferai point, je vous affure... Mais... qu'entends-je ? Ciel ! quel défordre ! Il eft effectivement devenu fou. Monfieur Turcaret, monfieur Turcaret, je vous ferai bien expier vos emportemens.

M. TURCARET, *revenant*.

Me voilà à demi foulagé : j'ai déjà caffé la grande glace & les plus belles porcelaines.

LA BARONNE.

Achevez, monfieur, que ne continuez-vous ?

M. TURCARET.

Je continuerai quand il me plaira. Je vous apprendrai à vous jouer à un homme comme moi. Allons, ce billet au porteur que je vous ai tantôt envoyé, qu'on me le rende.

LA BARONNE.

Que je vous le rende ! & fi je l'ai auffi donné au chevalier ?

M. TURCARET.

Ah! fi je le croyois!

LA BARONNE.

Que vous êtes fou! En vérité, vous me faites pitié.

M. TURCARET.

Comment donc! au lieu de fe jeter à mes genoux & de me demander grace, encore dit-elle que j'ai tort, encore dit-elle que j'ai tort!

LA BARONNE.

Sans doute.

M. TURCARET.

Ah! vraiment, je voudrois bien, par plaifir, que vous entrepriffiez de me perfuader cela!

LA BARONNE.

Je le ferois, fi vous étiez en état d'entendre raifon.

M. TURCARET.

Et que me pourriez-vous dire, traîtreffe?

LA BARONNE.

Je ne vous dirai rien. Ah! quelle fureur!

M. TURCARET, *effouflé*.

Hé bien! parlez, madame, parlez; je fuis de fang-froid.

Acte II, scène III.

LA BARONNE.

Écoutez-moi donc. Toutes les extravagances que vous venez de faire font fondées fur un faux rapport que Marine...

M. TURCARET.

Un faux rapport ! ventrebleu ! ce n'eft point...

LA BARONNE.

Ne jurez pas monfieur, ne m'interrompez pas ; fongez que vous êtes de fang-froid.

M. TURCARET.

Je me tais : il faut que je me contraigne.

LA BARONNE.

Sçavez-vous bien pourquoi je viens de chaffer Marine ?

M. TURCARET.

Oui, pour avoir pris trop chaudement mes intérêts.

LA BARONNE.

Tout au contraire : c'eft à caufe qu'elle me reprochoit fans ceffe l'inclination que j'avois pour vous. « Eft-il rien de fi ridicule, me difoit-elle à tous momens, que de voir la veuve d'un colonel fonger à époufer un monfieur Turcaret, un homme fans naiffance, fans efprit, de la mine la plus baffe... »

M. TURCARET.

Paſſons, s'il vous plaît, ſur les qualités : cette Marine-là eſt une impudente.

LA BARONNE.

« Pendant que vous pouvez choiſir un époux entre vingt perſonnes de la premiere qualité; lorſque vous refuſez votre aveu même aux preſſantes inſtances de toute la famille d'un marquis dont vous êtes adorée, & que vous avez la foibleſſe de ſacrifier à ce monſieur Turcaret? »

M. TURCARET.

Cela n'eſt pas poſſible.

LA BARONNE

Je ne prétens pas m'en aire un mérite, monſieur. Ce marquis eſt un jeune homme fort agréable de ſa perſonne, mais dont les mœurs & la conduite ne me conviennent point. Il vient ici quelquefois avec mon couſin le chevalier, ſon ami. J'ai découvert qu'il avoit gagné Marine, & c'eſt pour cela que je l'ai congédiée. Elle a été vous débiter mille impoſtures pour ſe venger, & vous êtes aſſez crédule pour y ajouter foi ! Ne deviez-vous pas, dans le moment, faire réflexion que c'étoit une ſervante paſſionnée qui vous parloit, & que, ſi j'avois eu quelque choſe à me reprocher, je n'aurois pas été affez imprudente pour chaffer une fille dont j'avois à craindre l'indifcrétion ? Cette penfée, dites-moi, ne fe préfente-t-elle pas naturellement à l'efprit ?

M. TURCARET.

J'en demeure d'accord ; mais...

LA BARONNE.

Mais, vous avez tort. Elle vous a donc dit, entre autres chofes, que je n'avois plus ce gros brillant qu'en badinant vous me mîtes l'autre jour au doigt, & que vous me forçâtes d'accepter ?

M. TURCARET.

Ho ! oui ; elle m'a juré que vous l'avez donné aujourd'hui au chevalier, qui est, dit-elle, votre parent comme Jean de Vert.

LA BARONNE.

Et fi je vous montrois tout à l'heure ce même diamant, que diriez-vous ?

M. TURCARET.

Ho ! je dirois, en ce cas-là, que... Mais cela ne fe peut pas.

LA BARONNE.

Le voilà, monfieur ; le reconnoiffez-vous ? Voyez le fond que l'on doit faire fur le rapport de certains valets.

M. TURCARET.

Ah! que cette Marine-là eft une grande fcélérate! Je reconnois fa friponnerie & mon injuftice; pardonnez-moi, madame, d'avoir foupçonné votre bonne foi.

LA BARONNE.

Non, vos fureurs ne font point excufables : allez, vous êtes indigne de pardon.

M. TURCARET.

Je l'avoue.

LA BARONNE.

Falloit-il vous laiffer fi facilement prévenir contre une femme qui vous aime avec trop de tendreffe ?

M. TURCARET.

Hélas, non ! Que je fuis malheureux !

LA BARONNE.

Convenez que vous êtes un homme bien foible.

M. TURCARET.

Oui, madame.

LA BARONNE.

Une franche dupe.

M. TURCARET.

J'en conviens. Ah! Marine! coquine de Marine ! Vous ne sçauriez vous imaginer tous les mensonges que cette pendarde-là m'est venue conter : elle m'a dit que vous & M. le chevalier vous me regardiez comme votre vache à lait, et que si, aujourd'hui pour demain, je vous avois tout donné, vous me feriez fermer la porte au nez.

LA BARONNE.

La malheureuse !

M. TURCARET.

Elle me l'a dit, c'est un fait constant ; je n'invente rien, moi.

LA BARONNE.

Et vous avez eu la foiblesse de la croire un seul moment !

M. TURCARET.

Oui, madame, j'ai donné là-dedans comme un franc sot : où diable avois-je l'esprit ?

LA BARONNE.

Vous repentez-vous de votre crédulité ?

M. TURCARET.

Si je m'en repens ! Je vous demande mille pardons de ma colere.

LA BARONNE.

On vous la pardonne : levez-vous, monsieur

Vous auriez moins de jalousie si vous aviez moins d'amour ; & l'excès de l'un fait oublier la violence de l'autre.

M. TURCARET.

Quelle bonté ! Il faut avouer que je suis un grand brutal !

LA BARONNE.

Mais, sérieusement, monsieur, croyez-vous qu'un cœur puisse balancer un instant entre vous & le chevalier ?

M. TURCARET.

Non, madame, je ne le crois pas ; mais je le crains.

LA BARONNE.

Que faut-il faire pour dissiper vos craintes ?

M. TURCARET.

Éloigner d'ici cet homme-là ; consentez-y, madame : j'en sçais les moyens.

LA BARONNE.

Et quels sont-ils ?

M. TURCARET.

Je lui donnerai une direction en province.

LA BARONNE.

Une direction !

M. TURCARET.

C'eſt ma maniere d'écarter les incommodes. Ah! combien de couſins, d'oncles & de maris j'ai faits directeurs en ma vie! J'en ai envoyé jusqu'en Canada.

LA BARONNE.

Mais vous ne ſongez pas que mon couſin le chevalier eſt homme de condition, & que ces ſortes d'emplois ne lui conviennent pas. Allez, ſans vous mettre en peine de l'éloigner de Paris, je vous jure que c'eſt l'homme du monde qui doit vous cauſer le moins d'inquiétude.

M. TURCARET.

Ouf! j'étouffe d'amour & de joie; vous me dites cela d'une maniere ſi naïve, que vous me le perſuadez. Adieu, mon adorable, mon tout, ma déeſſe; allez, allez, je vais bien réparer la ſottiſe que je viens de faire. Votre grande glace n'étoit pas tout à fait nette, au moins, & je trouvois vos porcelaines assez communes.

LA BARONNE.

Il eſt vrai.

M. TURCARET.

Je vais vous en chercher d'autres.

LA BARONNE.

Voilà ce que vous coûtent vos folies.

M. TURCARET.

Bagatelle : tout ce que j'ai cassé ne valoit pas plus de trois cents piſtoles. (*Il veut s'en aller, la Baronne l'arrête.*)

LA BARONNE.

Attendez, monſieur ; il faut que je vous faſſe une priere auparavant.

M. TURCARET.

Une priere ? Ho ! donnez vos ordres.

LA BARONNE.

Faites avoir une commiſſion, pour l'amour de moi, à ce pauvre Flamand, votre laquais ; c'eſt un garçon pour qui j'ai pris de l'amitié.

M. TURCARET.

Je l'aurois déjà pouſſé, ſi je lui avois trouvé quelque diſpoſition ; mais il a l'eſprit trop bonaſſe ; cela ne vaut rien pour les affaires.

LA BARONNE.

Donnez-lui un emploi qui ne ſoit pas difficile à exerccer.

M. TURCARET.

Il en aura un des aujourd'hui ; cela vaut fait.

LA BARONNE.

Ce n'est pas tout : je veux mettre auprès de vous Frontin, le laquais de mon cousin le chevalier; c'est aussi un tres-bon enfant.

M. TURCARET.

Je le prends, madame, & vous promets de le faire commis au premier jour.

SCÈNE IV.

LA BARONNE, M. TURCARET, FRONTIN.

FRONTIN.

Madame, vous allez bientôt avoir la fille dont je vous ai parlé.

LA BARONNE.

Monsieur, voilà le garçon que je veux vous donner.

M. TURCARET.

Il paroît un peu innocent.

LA BARONNE.

Que vous vous connoissez bien en physionomies !

M. TURCARET.

J'ai le coup d'œil infaillible. Approche, mon ami : dis-moi un peu, as-tu déjà quelques principes ?

FRONTIN.

Qu'appelez-vous des principes ?

M. TURCARET.

Des principes de commis, c'est-à-dire si tu fçais comment on peut empêcher les fraudes ou les favoriser ?

FRONTIN.

Pas encore, monsieur ; mais je sens que j'apprendrai cela fort facilement.

M. TURCARET.

Tu fçais du moins l'arithmétique ; tu fçais faire des comptes à parties simples ?

FRONTIN.

Ho ! oui, monsieur ; je fçais même faire des parties doubles : j'écris aussi de deux écritures, tantôt de l'une, & tantôt de l'autre.

M. TURCARET.

De la ronde, n'est-ce pas ?

FRONTIN.

De la ronde, de l'oblique.

Acte II, scène IV.

M. TURCARET.

Comment; de l'oblique?

FRONTIN.

Hé! oui, d'une écriture que vous connoissez; là, d'une certaine écriture qui n'est pas légitime.

M. TURCARET.

Il veut dire de la bâtarde.

FRONTIN.

Justement; c'est ce mot-là que je cherchois.

M. TURCARET.

Quelle ingénuité! Ce garçon-là, madame, est bien niais.

LA BARONNE.

Il se déniaisera dans vos bureaux.

M. TURCARET.

Ho! qu'oui, madame, ho! qu'oui; d'ailleurs, un bel esprit n'est pas nécessaire pour faire son chemin. Hors moi & deux ou trois autres, il n'y a parmi nous que des génies assez communs : il suffit d'un certain usage, d'une routine que l'on ne manque guere d'attraper. Nous voyons tant de gens! Nous nous étudions à prendre ce que le monde a de meilleur; voilà toute notre science.

LA BARONNE.

Ce n'eſt pas la plus inutile de toutes.

M. TURCARET.

Ho! ça, mon ami, tu es à moi, & tes gages courent dès ce moment.

FRONTIN.

Je vous regarde donc, monſieur, comme mon nouveau maître; mais, en qualité d'ancien laquais de M. le chevalier, il faut que je m'acquitte d'une commiſſion dont il m'a chargé: il vous donne, & à madame ſa couſine, à ſouper ici, ce ſoir.

M. TURCARET.

Tres volontiers.

FRONTIN.

Je vais ordonner chez Fites toutes ſortes de ragoûts, avec vingt-quatre bouteilles de vin de Champagne; &, pour égayer le repas, vous aurez des voix & des inſtrumens.

LA BARONNE.

De la muſique, Frontin?

FRONTIN.

Oui, madame; à telles enſeignes que j'a ordre de commander cent bouteilles de vin de Sureſnes pour abreuver la ſymphonie.

LA BARONNE.

Cent bouteilles!

FRONTIN.

Ce n'eſt pas trop, madame; il y aura huit concertans, quatre Italiens de Paris, trois chanteuses et deux gros chantres.

M. TURCARET.

Il a, ma foi, raiſon, ce n'eſt pas trop. Ce repas fera fort joli.

FRONTIN.

Ho! diable, quand M. le chevalier donne des ſoupers comme cela, il n'épargne rien monſieur.

M. TURCARET.

J'en ſuis perſuadé.

FRONTIN.

Il ſemble qu'il ait à ſa dispoſition la bourſe d'un partiſan.

LA BARONNE.

Il veut dire qu'il fait les choſes fort magnifiquement.

M. TURCARET.

Qu'il eſt ingénu! Hé bien, nous verrons cela tantôt. Et, pour ſurcroît de réjouiſſance, j'amenerai ici M. Gloutonneau, le poëte; auſſi bien, je ne fçaurois manger fi je n'ai quelque bel efprit à ma table.

LA BARONNE.

Vous me ferez plaifir. Cet auteur apparemment, eft fort brillant dans la converfation ?

M. TURCARET.

Il ne dit pas quatre paroles dans un repas; mais il mange & penfe beaucoup : pefte! c'eft un homme bien agréable... Ho! çà, je cours chez Dautel vous acheter...

LA BARONNE.

Prenez garde à ce que vous ferez, je vous en prie; ne vous jetez point dans une dépenfe...

M. TURCARET.

Hé fi, madame, fi ! vous vous arrêtez à des minuties. Sans adieu, ma reine. (*Il fort.*)

LA BARONNE.

J'attends votre retour impatiemment.

SCÈNE V.

LA BARONNE, FRONTIN.

LA BARONNE.

Enfin, te voilà en train de faire ta fortune.

FRONTIN.

Oui, madame, & en état de ne pas nuire à la vôtre.

LA BARONNE.

C'est à présent, Frontin, qu'il faut donner l'essor à ce génie supérieur...

FRONTIN.

On tâchera de vous prouver qu'il n'est pas médiocre.

LA BARONNE.

Quand m'amenera-t-on cette fille ?

FRONTIN.

Je l'attends ; je lui ai donné rendez-vous ici.

LA BARONNE.

Tu m'avertiras quand elle sera venue. (*Elle entre dans une autre chambre.*)

SCÈNE VI.

FRONTIN, *seul.*

Courage, Frontin, courage, mon ami ; la fortune t'appelle : te voilà placé chez un homme d'affaires par le canal d'une coquette. Quelle joie ! l'agréable perspective ! Je m'imagine que toutes les choses que je vais toucher vont se convertir en or... Mais j'aperçois ma pupille.

SCÈNE VII.

FRONTIN, LISETTE.

Tu sois la bienvenue, Lisette ! on t'attend avec impatience dans cette maison.

LISETTE.

J'y entre avec une satisfaction dont je tire un bon augure.

FRONTIN.

Je t'ai mise au fait sur tout ce qui s'y passe,

& fur tout ce qui doit s'y paſſer, tu n'as qu'à te régler là-deſſus : ſouviens-toi ſeulement qu'il faut avoir une complaiſance infatigable.

LISETTE.

Il n'eſt pas beſoin de me recommander cela.

FRONTIN.

Flatte ſans ceſſe l'entêtement que la baronne a pour le chevalier; c'eſt là le point.

LISETTE.

Tu me fatigues de leçons inutiles.

FRONTIN.

Le voici qui vient.

LISETTE.

Je ne l'avois point encore vu. Ah ! qu'il eſt bien fait, Frontin !

FRONTIN.

Il ne faut pas être mal bâti pour donner de l'amour à une coquette.

SCÈNE VIII.

LE CHEVALIER, FRONTIN, LISETTE *dans le fond.*

LE CHEVALIER.

Je te rencontre à propos, Frontin, pour t'apprendre... Mais que vois-je ? Quelle est cette beauté brillante ?

FRONTIN.

C'est une fille que je donne à madame la baronne pour remplacer Marine.

LE CHEVALIER.

Et c'est sans doute une de tes amies ?

FRONTIN.

Oui, monsieur ; il y a longtemps que nous nous connoissons ; je suis son répondant.

LE CHEVALIER.

Bonne caution ! c'est faire son éloge en un mot. Elle est, parbleu, charmante. Monsieur le répondant, je me plains de vous.

FRONTIN.

D'où vient ?

Acte II, scène VIII.

LE CHEVALIER.

Je me plains de vous, vous dis-je; vous sçavez toutes mes affaires, & vous me cachez les vôtres; vous n'êtes pas un ami sincere.

FRONTIN.

Je n'ai pas voulu, monsieur...

LE CHEVALIER.

La confiance pourtant doit être réciproque; pourquoi m'avoir fait un mystere d'une si belle découverte?

FRONTIN.

Ma foi, monsieur, je craignois...

LE CHEVALIER.

Quoi?

FRONTIN.

Ho! monsieur, que diable! vous m'entendez de reste.

LE CHEVALIER.

Le maraud! Où a-t-il été déterrer ce petit minois-là? Frontin, monsieur Frontin, vous avez le discernement fin & délicat quand vous faites un choix pour vous-même; mais vous n'avez pas le goût si bon pour vos amis. Ah! la piquante représentation! l'adorable grisette!

LISETTE.

Que les jeunes seigneurs sont honnêtes!

LE CHEVALIER.

Non, je n'ai jamais rien vu de si beau que cette créature-là.

LISETTE.

Que leurs expressions sont flatteuses! Je ne m'étonne plus que les femmes les courent.

LE CHEVALIER.

Faisons un troc, Frontin : cede-moi cette fille-là, et je t'abandonne ma vieille comtesse.

FRONTIN.

Non, monsieur : j'ai les inclinations roturieres; je m'en tiens à Lisette, à qui j'ai donné ma foi.

LE CHEVALIER.

Va, tu peux te vanter d'être le plus heureux faquin... Oui, belle Lisette, vous méritez...

LISETTE.

Trêve de douceurs, monsieur le chevalier; je vais me présenter à ma maîtresse, qui ne m'a point encore vue; vous pouvez venir, si vous voulez, continuer devant elle la conversation.

SCÈNE IX.

LE CHEVALIER, FRONTIN.

LE CHEVALIER.

Parlons de choses sérieuses, Frontin. Je n'apporte point à la baronne l'argent de son billet.

FRONTIN.

Tant pis.

LE CHEVALIER.

J'ai été chercher un usurier qui m'a déjà prêté de l'argent; mais il n'est plus à Paris: des affaires qui lui sont survenues l'ont obligé d'en sortir brusquement; ainsi, je vais te charger du billet.

FRONTIN.

Pourquoi ?

LE CHEVALIER.

Ne m'as-tu pas dit que tu connoissois un agent de change qui te donneroit de l'argent à l'heure même ?

FRONTIN.

Cela est vrai; mais que direz-vous à madame la baronne ? Si vous lui dites que vous avez encore son billet, elle verra bien que nous n'avions pas mis son brillant en gage; car, enfin, elle n'ignore pas qu'un homme qui prête ne se dessaisit pas pour rien de son nantissement.

LE CHEVALIER.

Tu as raison. Aussi suis-je d'avis de lui dire que j'ai touché l'argent, qu'il est chez moi, & que demain matin tu le feras apporter ici. Pendant ce tems-là, cours chez ton agent de change, & fais porter au logis l'argent que tu en recevras; je vais t'y attendre, aussitôt que j'aurai parlé à la baronne. (*Il entre dans la chambre de la Baronne.*)

SCÈNE X.

FRONTIN, *seul*.

JE ne manque pas d'occupation, Dieu merci. Il faut que j'aille chez le traiteur; de là, chez l'agent de change; de chez l'agent de change, au logis; & puis il faudra que je revienne ici joindre M. Turcaret. Cela s'appelle, ce me semble, une vie assez agissante; mais patience; apres quelque tems de fatigue & de peine, je parviendrai enfin à un état d'aife : alors quelle fatisfaction ! quelle tranquillité d'efprit ! je n'aurai plus à mettre en repos que ma confcience.

Fin du fecond Acte.

ACTE TROISIÈME

SCÈNE PREMIÈRE

LA BARONNE, FRONTIN, LISETTE.

LA BARONNE.

Hé bien, Frontin, as-tu commandé le souper ? Fera-t-on grande chere ?

FRONTIN.

Je vous en réponds, madame. Demandez à Lisette de quelle maniere je régale pour mon compte, & jugez par là de ce que je sçais faire lorsque je régale aux dépens des autres.

LISETTE.

Il est vrai, madame; vous pouvez vous en fier à lui.

FRONTIN.

M. le chevalier m'attend : je vais lui rendre compte de l'arrangement de son repas, & puis je viendrai ici prendre possession de M. Turcaret, mon nouveau maître. (*Il sort.*)

SCÈNE II.

LA BARONNE, LISETTE.

LISETTE.

Ce garçon-là est un garçon de mérite, madame.

LA BARONNE.

Il me paroît que vous n'en manquez pas, vous, Lisette.

LISETTE.

Il a beaucoup de sçavoir-faire.

LA BARONNE.

Je ne vous crois pas moins habile.

LISETTE.

Je serois bien heureuse, madame, si mes petits talens pouvoient vous être utiles.

LA BARONNE.

Je suis contente de vous ; mais j'ai un avis à vous donner : je ne veux pas qu'on me flatte.

LISETTE.

Je suis ennemie de la flatterie.

LA BARONNE.

Surtout, quand je vous consulterai sur des choses qui me regarderont, soyez sincere.

LISETTE.

Je n'y manquerai pas.

LA BARONNE.

Je vous trouve pourtant trop de complaisance.

LISETTE.

A moi, madame ?

LA BARONNE.

Oui ; vous ne combattez pas assez les sentimens que j'ai pour le chevalier.

LISETTE.

Hé ! pourquoi les combattre ? Ils sont si raisonnables !

LA BARONNE.

J'avoue que le chevalier me paroît digne de toute ma tendresse.

LISETTE.

J'en fais le même jugement.

LA BARONNE.

Il a pour moi une passion véritable & constante.

LISETTE.

Un chevalier fidele & sincere ! on n'en voit guere comme cela.

LA BARONNE.

Aujourd'hui même encore il m'a sacrifié une comtesse.

LISETTE.

Une comtesse !

LA BARONNE.

Elle n'est pas, à la vérité, dans la premiere jeunesse.

LISETTE.

C'est ce qui rend le sacrifice plus beau. Je connois messieurs les chevaliers : une vieille dame leur coûte plus qu'une autre à sacrifier.

LA BARONNE.

Il vient de me rendre compte d'un billet que je lui ai confié. Que je lui trouve de bonne foi !

LISETTE.

Cela est admirable.

LA BARONNE.

Il a une probité qui va jusqu'au scrupule.

LISETTE.

Mais, mais, voilà un chevalier unique en son espece !

LA BARONNE.

Taifons-nous, j'aperçois M. Turcaret.

SCÈNE III.

MONSIEUR TURCARET, LISETTE, LA BARONNE.

M. TURCARET.

Je viens, madame... Ho ! ho ! vous avez une nouvelle femme de chambre.

LA BARONNE.

Oui, monfieur ; que vous femble de celle-ci ?

M. TURCARET.

Ce qui m'en femble ? elle me revient affez ; il faudra que nous faffions connoiffance.

LISETTE.

La connoiffance fera bientôt faite, monfieur.

LA BARONNE, *à Lifette.*

Vous fçavez qu'on foupe ici : donnez ordre que nous ayons un couvert propre, & que l'appartement foit bien éclairé.

M. TURCARET.

Je crois cette fille-là fort raifonnable.

Acte III, scène III.

LA BARONNE.

Elle est fort dans vos intérêts, du moins.

M. TURCARET.

Je lui en sçais bon gré. Je viens, madame, de vous acheter pour dix mille francs de glaces, de porcelaines & de bureaux : ils sont d'un goût exquis, je les ai choisis moi-même.

LA BARONNE.

Vous êtes universel, monsieur; vous vous connoissez à tout.

M. TURCARET.

Oui, grâce au ciel, & surtout en bâtiment. Vous verrez, vous verrez l'hôtel que je vais faire bâtir.

LA BARONNE.

Quoi ! vous allez faire bâtir un hôtel ?

M. TURCARET.

J'ai déjà acheté la place, qui contient quatre arpens six perches neuf toises trois pieds & onze pouces. N'est-ce pas là une belle étendue ?

LA BARONNE.

Fort belle.

M. TURCARET.

Le logis sera magnifique; je ne veux pas

qu'il y manque un zéro, je le ferois plutôt abattre deux ou trois fois.

LA BARONNE.

Je n'en doute pas.

M. TURCARET.

Malepeſte ! Je n'ai garde de faire quelque choſe de commun ; je me ferois ſiffler de tous les gens d'affaires.

LA BARONNE.

Aſſurément.

M. TURCARET.

Quel homme entre ici ?

LA BARONNE.

C'eſt ce jeune marquis dont je vous ai dit que Marine avoit épouſé les intérêts ; je me paſſerois bien de ſes viſites, elles ne me font aucun plaiſir.

SCÈNE IV.

LA BARONNE, MONSIEUR TURCARET, LE MARQUIS.

LE MARQUIS.

JE parie que je ne trouverai point encore ici le chevalier.

M. TURCARET, *bas*.

Ah! morbleu! c'est le marquis de la Tribaudiere. La fâcheuse rencontre!

LE MARQUIS.

Il y a pres de deux jours que je le cherche. Hé! que vois-je!.. oui... non... pardonnez-moi... justement... c'est lui-même; c'est M. Turcaret. Que faites-vous de cet homme-là, madame? Vous le connoissez, vous empruntez sur gages? Palsambleu! il vous ruinera.

LA BARONNE.

Monsieur le marquis...

LE MARQUIS.

Il vous pillera, il vous écorchera, je vous en avertis. C'est l'usurier le plus juif! Il vend son argent au poids de l'or.

M. TURCARET, *bas*.

J'aurois mieux fait de m'en aller.

LA BARONNE.

Vous vous méprenez, monsieur le marquis; M. Turcaret passe dans le monde pour un homme de bien & d'honneur.

LE MARQUIS.

Aussi l'est-il, madame, aussi l'est-il; il aime le bien des hommes & l'honneur des femmes : il a cette réputation-là.

M. TURCARET.

Vous aimez à plaisanter, monsieur le marquis. Il est badin, madame, il est badin; ne le connoissez-vous pas sur ce pied-là ?

LA BARONNE.

Oui, je comprends bien qu'il badine ou qu'il est mal informé.

LE MARQUIS.

Mal informé, morbleu! Madame, personne ne sçauroit vous en parler mieux que moi : il a de mes nippes actuellement.

M. TURCARET.

De vos nippes, monsieur? Ho! je ferois bien serment du contraire.

LE MARQUIS.

Ah! parbleu! vous avez raison. Le diamant

est à vous à l'heure qu'il est, selon nos conventions ; j'ai laissé passer le terme.

LA BARONNE.

Expliquez-moi tous deux cette énigme.

M. TURCARET.

Il n'y a point d'énigme là-dedans, madame ; Je sçais ce que c'est.

LE MARQUIS.

Il a raison, cela est fort clair, il n'y a point d'énigme. J'eus besoin d'argent il y a quinze mois ; j'avois un brillant de cinq cents louis : on m'adressa à M. Turcaret ; M. Turcaret me renvoya à un de ses commis, à un certain M. Ra, Ra, Rafle : c'est celui qui tient son bureau d'usure. Cet honnête M. Rafle me prêta sur ma bague onze cent trente-deux livres six sols huit deniers ; il me prescrivit un tems pour la retirer ; je ne suis pas fort exact, moi, le tems est passé, mon diamant est perdu.

M. TURCARET.

Monsieur le marquis, monsieur le marquis, ne me confondez point avec M. Rafle, je vous prie ; c'est un fripon que j'ai chassé de chez moi : s'il a fait quelque mauvaise manœuvre, vous avez la voie de la justice. Je ne sçais ce que c'est que votre brillant, je ne l'ai jamais vu ni manié.

LE MARQUIS.

Il me venoit de ma tante; c'étoit un des plus beaux brillans; il étoit d'une netteté, d'une forme, d'une groffeur à peu pres comme... (*Il regarde le diamant de la Baronne.*) Hé!... le voilà, madame! Vous vous en êtes accommodée avec M. Turcaret, apparemment?

LA BARONNE.

Autre méprife, monfieur; je l'ai acheté, affez cher même, d'une revendeufe à la toilette.

LE MARQUIS

Cela vient de lui, madame; il a des revendeufes à fa difpofition, &, à ce qu'on dit même, dans fa famille.

M. TURCARET.

Monfieur, Monfieur!

LA BARONNE.

Vous êtes infultant, monfieur le marquis.

LE MARQUIS.

Non, madame, mon deffein n'eft pas d'infulter; je fuis trop ferviteur de M. Turcaret, quoiqu'il me traite durement. Nous avons eu autrefois enfemble un petit commerce d'amitié; il étoit laquais de mon grand-pere, il me portoit fur fes bras; nous jouions tous les jours enfemble; nous ne nous quittions prefque point : le petit ingrat ne s'en fouvient plus.

M. TURCARET.

Je me fouviens, je me fouviens ; le paffé eft paffé, je ne fonge qu'au préfent.

LA BARONNE.

De grâce, monfieur le marquis, changeons de difcours. Vouz cherchez M. le chevalier?

LE MARQUIS

Je le cherche partout, madame, aux fpectacles, au cabaret, au bal, au lanfquenet; je ne le trouve nulle part: ce coquin-là fe débauche, il devient libertin.

LA BARONNE.

Je lui en ferai des reproches.

LE MARQUIS.

Je vous en prie. Pour moi, je ne change point; je mene une vie réglée, je fuis toujours à table, & l'on me fait crédit chez Fite & la Morlière, parce qu'on fçait que je dois bientôt hériter d'une vieille tante, & qu'on me voit une difpofition plus que prochaine à manger fa suceffion.

LA BARONNE.

Vous n'êtes pas une mauvaife pratique pour les traiteurs.

LE MARQUIS.

Non, madame, ni pour les traitans; n'eſt-ce pas, monſieur Turcaret ? Ma tante pourtant veut que je me corrige : et, pour lui faire accroire qu'il y a déjà du changement dans ma conduite, je vais la voir dans l'état où je ſuis; elle ſera tout étonnée de me trouver ſi raiſonnable, car elle m'a preſque toujours vu ivre.

LA BARONNE.

Effectivement, monſieur le marquis, c'eſt une nouveauté que de vous voir autrement; vous avez fait aujourd'hui un exces de ſobriété.

LE MARQUIS.

Je ſoupai hier avec trois des plus jolies femmes de Paris; nous avons bu juſqu'au jour; & j'ai été faire un petit ſomme chez moi, afin de pouvoir me préſenter à jeun devant ma tante.

LA BARONNE.

Vous avez bien de la prudence.

LE MARQUIS.

Adieu, ma toute aimable, dites au chevalier qu'il ſe rende un peu à ſes amis; prêtez-le-nous quelquefois; ou je viendrai ſi ſouvent ici, que je l'y trouverai. Adieu, monſieur Turcaret; je n'ai point de rancune au moins; touchez-là, renouvelons notre ancienne amitié; mais dites un peu à votre âme damnée, à ce monsieur Rafle, qu'il me traite plus humainement la premiere fois que j'aurai besoin de lui.

SCÈNE V.

M. TURCARET, LA BARONNE

M. TURCARET.

Voila une mauvaise connoissance, madame; c'est le plus grand fou & le plus grand menteur que je connoisse.

LA BARONNE.

C'est en dire beaucoup.

M. TURCARET.

Que j'ai souffert pendant cet entretien!

LA BARONNE.

Je m'en suis aperçue.

M. TURCARET.

Je n'aime point les malhonnêtes gens.

LA BARONNE.

Vous avez bien raison.

M. TURCARET.

J'ai été si surpris d'entendre les choses qu'il a dites que je n'ai pas eu la force de répondre : ne l'avez-vous pas remarqué ?

LA BARONNE.

Vous en avez usé sagement ; j'ai admiré votre modération.

M. TURCARET.

Moi, usurier ! Quelle calomnie !

LA BARONNE.

Cela regarde plus M. Rafle que vous.

M. TURCARET.

Vouloir faire aux gens un crime de prêter sur gages ! Il vaut mieux prêter sur gages que prêter sur rien.

LA BARONNE.

Assurément.

M. TURCARET.

Me venir dire au nez que j'ai été laquais de son grand-père ! Rien n'est plus faux : je n'ai jamais été que son homme d'affaires.

LA BARONNE.

Quand cela seroit vrai : le beau reproche ! Il y a si longtemps ! Cela est prescrit.

M. TURCARET.

Oui, sans doute.

LA BARONNE.

Ces fortes de mauvais contes ne font aucune impreffion fur mon efprit; vous êtes trop bien établi dans mon cœur.

M. TURCARET.

C'eft trop de grâce que vous me faites.

LA BARONNE.

Vous êtes un homme de mérite.

M. TURCARET.

Vous vous mocquez!

LA BARONNE.

Un vrai homme d'honneur

M. TURCARET.

Ho! point du tout

LA BARONNE.

Et vous avez trop l'air & les manières d'une perfonne de condition, pour pouvoir être foupçonné de ne l'être pas.

SCÈNE VI.

M. TURCARET, LA BARONNE, FLAMAND.

FLAMAND

Monsieur!

M. TURCARET.

Que me veux-tu?

FLAMAND

Il eſt là-bas qui vous demande.

M. TURCARET.

Qui? butor!

FLAMAND

Ce monſieur que vous ſaçvez: là, ce monſieur... Choſe.

M. TURCARET.

M. Choſe?

FLAMAND

Hé oui! ce commis que vous aimez tant. Drés qu'il vient pour deviſer avec vous, tout auſſitôt vous faites ſortir tout le monde, & ne voulez pas que perſonne vous écoute.

M. TURCARET.

C'eſt M. Rafle, apparemment?

FLAMAND.

Oui, tout fin drés, monſieur, c'eſt lui-même.

M. TURCARET.

Je vais le trouver; qu'il m'attende.

LA BARONNE.

Ne diſiez-vous pas que vous l'aviez chaſſé?

M. TURCARET.

Oui, & c'eft pour cela qu'il vient ici : il cherche à fe raccommoder. Dans le fond, c'eft un affez bon homme, homme de confiance. Je vais fçavoir ce qu'il me veut.

LA BARONNE.

Hé! non, non, faites-le monter, Flamand. Monfieur, vous lui parlerez dans cette falle. N'êtes-vous pas ici chez vous?

M. TURCARET.

Vous êtes bien honnête, madame.

LA BARONNE.

Je ne veux point troubler votre converfation; je vous laiffe. N'oubliez pas la priere que je vous ai faite en faveur de Flamand.

M. TURCARET.

Mes ordres font déjà donnés pour cela; vous ferez contente.

SCÈNE VII.

M. TURCARET, M. RAFLE.

M. TURCARET.

De quoi eft-il queftion, monfieur Rafle? Pourquoi me venir chercher jufqu'ici?

Ne fçavez-vous pas bien que, quand on vient chez les dames, ce n'eft pas pour y entendre parler d'affaires ?

M. RAFLE.

L'importance de celles que j'ai à vous communiquer doit me fervir d'excufe.

TURCARET.

Qu'eft-ce que c'eft donc que ces chofes d'importance ?

M. RAFLE.

Peut-on parler ici librement ?

M. TURCARET.

Oui, vous le pouvez; je fuis le maître. Parlez.

M. RAFLE, *regardant dans un bordereau.*

Premierement. Cet enfant de famille à qui nous prêtâmes, l'année paflée, trois mille livres, & à qui je fis faire un billet de neuf par votre ordre, fe voyant fur le point d'être inquiété pour le payement, a déclaré la chofe à fon oncle le préfident, qui, de concert avec toute la famille, travaille actuellement à vous perdre.

M. TURCARET.

Peines perdues que ce travail-là ; laiffonsles venir. Je ne prends pas facilement l'épouvante.

M. RAFLE, *après avoir regardé dans son bordereau.*

Ce caiſſier que vous avez cautionné, & qui vient de faire banqueroute de deux cent mille écus !...

M. TURCARET.

C'eſt par mon ordre qu'il... Je ſçais où il eſt.

M. RAFLE.

Mais les procédures ſe font contre vous ; l'affaire eſt ſérieuſe et preſſante.

M. TURCARET.

On l'accommodera ; j'ai pris des meſures ; cela ſera réglé demain.

M. RAFLE.

J'ai peur que ce ne ſoit trop tard.

M. TURCARET.

Vous êtes trop timide. Avez-vous paſſé chez ce jeune homme de la rue Quincampoix à qu j'ai fait avoir une caiſſe ?

M. RAFLE.

Oui, monſieur. Il veut bien vous prêter vingt mille francs des premiers deniers qu'il touchera, à condition qu'il fera valoir à ſon profit ce qui pourra lui rester à la compagnie, & que vous prendrez son parti, si l'on vient à s'apercevoir de la manœuvre.

M. TURCARET.

Cela est dans les regles, il n'y a rien de plus juste; voilà un garçon raisonnable. Vous lui direz, monsieur Rafle, que je le protégerai dans toutes ses affaires. Y a-t-il encore quelque chose ?

M. RAFLE, *après avoir regardé dans le bordereau.*

Ce grand homme sec, qui vous donna, il y a deux mois, deux mille francs pour une direction que vous lui avez fait avoir à Valogne...

M. TURCARET.

Hé bien ?

M. RAFLE.

Il lui est arrivé un malheur.

M. TURCARET.

Quoi ?

M. RAFLE.

On a surpris sa bonne foi, on lui a volé quinze mille francs. Dans le fond, il est trop bon.

M. TURCARET.

Trop bon, trop bon! Hé! pourquoi diable s'eſt-il donc mis dans les affaires? Trop bon, trop bon!

M. RAFLE.

Il m'a écrit une lettre fort touchante, par laquelle il vous prie d'avoir pitié de lui.

M. TURCARET.

Papier perdu, lettre inutile.

M. RAFLE.

Et de faire en ſorte qu'il ne ſoit point révoqué.

M. TURCARET.

Je ferai plutôt en ſorte qu'il le ſoit : l'emploi me reviendra, je le donnerai à un autre pour le même prix.

M. RAFLE.

C'eſt ce que j'ai penſé comme vous.

M. TURCARET.

J'agirois contre mes intérêts ; je mériterois d'être caſſé à la tête de la compagnie.

M. RAFLE.

Je ne ſuis pas plus ſenſible que vous aux plaintes des ſots... Je lui ai déjà fait réponſe, & lui ai mandé tout net qu'il ne devoit point compter ſur vous.

M. TURCARET.

Non, parbleu!

M. RAFLE, *regardant dans son bordereau.*

Voulez-vous prendre, au denier quatorze, cinq mille francs qu'un honnête serrurier de ma connoissance a amassés par son travail & par ses épargnes?

M. TURCARET.

Oui, oui, cela est bon: je lui ferai ce plaisir-là. Allez me le chercher. Je serai au logis dans un quart d'heure; qu'il apporte l'espèce. Allez, allez.

M. RAFLE, *s'en allant et revenant.*

J'oubliois la principale affaire: je ne l'ai pas mise sur mon agenda.

M. TURCARET.

Qu'est-ce que c'est que cette principale affaire?

M. RAFLE.

Une nouvelle qui vous surprendra fort madame Turcaret est à Paris.

M. TURCARET.

Parlez bas, monsieur Rafle, parlez bas.

M. RAFLE.

Je la rencontrai hier dans un fiacre, avec une maniere de jeune ſeigneur dont le viſage ne m'eſt pas tout à fait inconnu, & que je viens de trouver dans cette rue-ci en arrivant.

M. TURCARET.

Vous ne lui parlâtes point ?

M. RAFLE.

Non; mais elle m'a fait prier ce matin de ne vous en rien dire, & de vous faire ſouvenir ſeulement qu'il lui est dû quinze mois de la penſion de quatre mille livres que vous lui donnez pour la tenir en province. Elle ne s'en retournera point qu'elle ne ſoit payée.

M. TURCARET.

Ho! ventrebleu, monſieur Rafle, qu'elle le ſoit : défaiſons-nous promptement de cette créature-là. Vous lui porterez dés aujourd'hui les cinq cents piſtoles du ſerrurier; mais qu'elle parte dés demain.

M. RAFLE.

Ho! elle ne demandera pas mieux. Je vais chercher le bourgeois & le mener chez vous.

M. TURCARET.

Vous m'y trouverez.

SCÈNE VIII.

M. TURCARET, *seul.*

MALEPESTE! ce feroit une fotte aventure fi madame Turcaret s'avifoit de venir en cette maifon; elle me perdroit dans l'efprit de ma baronne, à qui j'ai fait accroire que j'étais veuf.

SCÈNE IX.

M. TURCARET, LISETTE.

LISETTE.

MADAME m'a envoyée fçavoir, monfieur, fi vous étiez encore ici en affaires.

M. TURCARET.

Je n'en avois point, mon enfant; ce font des bagatelles dont de pauvres diables de commis s'embarraffent la tête, parce qu'ils ne font pas faits pour les grandes choses.

SCÈNE X.

M. TURCARET, LISETTE, FRONTIN.

FRONTIN.

Je suis ravi, monsieur, de vous trouver en conversation avec cette aimable personne : quelque intérêt que j'y prenne, je me garderai bien de troubler un si doux entretien.

M. TURCARET, *à Frontin.*

Tu ne seras point de trop ; approche, Frontin ; je te regarde comme un homme tout à moi, & je veux que tu m'aides à gagner l'amitié de cette fille-là.

LISETTE.

Cela ne sera pas bien difficile.

FRONTIN.

Ho ! pour cela, non. Je ne sçais pas, monsieur, sous quelle heureuse étoile vous êtes né, mais tout le monde a naturellement un grand faible pour vous.

M. TURCARET.

Cela ne vient point de l'étoile, cela vient des manieres.

LISETTE.

Vous les avez fi belles, fi prévenantes !...

M. TURCARET.

Comment le fçais-tu ?

LISETTE.

Depuis le peu de temps que je fuis ici, je n'entends dire autre chofe à madame la baronne.

M. TURCARET.

Tout de bon ?

FRONTIN.

Cette femme-là ne fçaurait cacher fa faibleffe; elle vous aime fi tendrement !... Demandez, demandez à Lisette.

LISETTE.

Ho! c'eft vous qu'il en faut croire, monfieur Frontin.

FRONTIN.

Non, je ne comprends pas moi-même tout ce que je fçais là-dessus; & ce qui m'étonne davantage, c'eft l'excès où cette paffion eft parvenue, sans pourtant que monfieur Turcaret fe foit donné beaucoup de peine pour chercher à la mériter.

Acte III, scène X.

M. TURCARET.

Comment, comment l'entends-tu ?

FRONTIN.

Je vous ai vu vingt fois, monsieur, manquer d'attention pour certaines choses.

M. TURCARET.

Ho ! parbleu ! je n'ai rien à me reprocher là-dessus.

LISETTE.

Ho ! non : je suis sûre que monsieur n'est pas homme à laisser échapper la moindre occasion de faire plaisir aux personnes qu'il aime. Ce n'est que par là qu'on mérite d'être aimé.

FRONTIN.

Cependant, monsieur ne le mérite pas autant que je le voudrois.

M. TURCARET.

Explique-toi donc.

FRONTIN.

Oui ; mais ne trouverez-vous point mauvais qu'en serviteur fidele & sincere je prenne la liberté de vous parler à cœur ouvert ?

M. TURCARET.

Parle.

FRONTIN.

Vous ne répondez pas affez à l'amour que madame la baronne a pour vous.

M. TURCARET.

Je n'y réponds pas!

FRONTIN.

Non, monfieur. Je t'en fais juge, Lifette; monfieur, avec tout fon efprit, fait des fautes d'attention.

M. TURCARET.

Qu'appelles-tu donc des fautes d'attention?

FRONTIN.

Un certain oubli, certaine négligence...

M. TURCARET.

Mais encore.

FRONTIN.

Mais, par exemple, n'eft-ce pas une chofe honteuse que vous n'ayez pas encore fongé à lui faire préfent d'un équipage?

LISETTE.

Ah! pour cela, monfieur, il a raifon : vos commis en donnent bien à leurs maîtreffes.

M. TURCARET.

A quoi bon un équipage? N'a-t-elle pas le mien, dont elle difpofe quand il lui plaît?

FRONTIN.

Ho! monsieur, avoir un carrosse à soi, ou être obligé d'emprunter ceux de ses amis, cela est bien différent.

LISETTE.

Vous êtes trop dans le monde pour ne le pas connoître : la plupart des femmes sont plus sensibles à la vanité d'avoir un équipage qu'au plaisir même de s'en servir.

M. TURCARET.

Oui, je comprends cela.

FRONTIN.

Cette fille-là, monsieur, est de fort bon sens; elle ne parle pas mal, au moins.

M. TURCARET.

Je ne te trouve pas si sot non plus que je t'ai cru d'abord, toi, Frontin.

FRONTIN.

Depuis que j'ai l'honneur d'être à votre service, je sens de moment en moment que l'esprit me vient. Ho! je prévois que je profiterai beaucoup avec vous.

M. TURCARET.

Il ne tiendra qu'à toi.

FRONTIN.

Je vous protefte, monfieur, que je ne manque pas de bonne volonté. Je donnerois donc à madame la baronne un bon grand carroffe bien étoffé.

M. TURCARET.

Elle en aura un. Vos réflexions font juftes : elles me déterminent.

FRONTIN.

Je fçavois bien que ce n'étoit qu'une faute d'attention.

M. TURCARET.

Sans doute ; et, pour marque de cela, je vais, de ce pas, commander un carroffe.

FRONTIN.

Fi donc, monfieur ! il ne faut pas que vous paroiffiez là-dedans, vous ; il ne feroit pas honnête que l'on fçût dans le monde que vous donnez un carroffe à madame la baronne. Servez-vous d'un tiers, d'une main étrangere, mais fidele. Je connois deux ou trois felliers qui ne fçavent point encore que je fuis à vous ; fi vous voulez, je me chargerai du foin...

M. TURCARET.

Volontiers. Tu me parois affez entendu ; je

m'en rapporte à toi. Voilà soixante pistoles que j'ai de reste dans ma bourse, tu les donneras à compte.

FRONTIN.

Je n'y manquerai pas, monsieur. A l'égard des chevaux, j'ai un maître maquignon qui est mon neveu à la mode de Bretagne: il vous en fournira de fort beaux.

M. TURCARET.

Qu'il me vendra bien cher, n'est-ce pas?

FRONTIN.

Non, monsieur; il vous les vendra en conscience.

M. TURCARET.

La conscience d'un maquignon!

FRONTIN.

Ho! je vous en réponds comme de la mienne.

M. TURCARET.

Sur ce pied-là je me servirai de lui.

FRONTIN.

Autre faute d'attention.

M. TURCARET.

Ho! va te promener avec tes fautes d'attention. Ce Coquin-là me ruineroit à la fin. Tu diras de ma part, à madame la baronne, qu'une affaire, qui sera bientôt terminée, m'appelle au logis.

SCÈNE XI

FRONTIN, LISETTE.

FRONTIN.

Cela ne commence pas mal.

LISETTE.

Non, pour madame la baronne; mais pour nous ?

FRONTIN.

Voilà déjà soixante pistoles que nous pouvons garder : je les gagnerai bien sur l'équipage; serre-les : ce sont les premiers fondemens de notre communauté.

LISETTE.

Oui; mais il faut promptement bâtir sur ces fondemens-là, car je fais des réflexions morales, je t'en avertis.

FRONTIN.
Peut-on les sçavoir?

LISETTE.
Je m'ennuie d'être soubrette.

FRONTIN.
Comment, diable! tu deviens ambitieuse?

LISETTE.
Oui, mon enfant. Il faut que l'air qu'on respire dans une maison fréquentée par un financier soit contraire à la modestie, car, depuis le peu de tems que j'y suis, il me vient des idées de grandeur que je n'ai jamais eues. Hâte-toi d'amasser du bien; autrement, quelque engagement que nous ayons ensemble, le premier riche faquin qui se présentera pour m'épouser...

FRONTIN.
Mais donne-moi donc le tems de m'enrichir.

LISETTE.
Je te donne trois ans : c'est assez pour un homme d'esprit.

FRONTIN.
Je ne t'en demande pas davantage. C'est assez, ma princesse; je vais ne rien épargner pour vous mériter; et si je manque d'y réussir, ce ne sera pas faute d'attention.

SCÈNE XII.

LISETTE, *seule*.

JE ne sçaurois m'empêcher d'aimer ce Frontin; c'est mon chevalier, à moi; &, au train que je lui vois prendre, j'ai un secret pressentiment qu'avec ce garçon-là je deviendrai quelque jour femme de qualité.

Fin du troisieme Acte.

ACTE QUATRIÈME

SCÈNE PREMIÈRE.

LE CHEVALIER, FRONTIN.

LE CHEVALIER.

Que fais-tu ici ? Ne m'avois-tu pas dit que tu retournerois chez ton agent de change ? Est-ce que tu ne l'aurois pas encore trouvé au logis ?

FRONTIN.

Pardonnez-moi, monsieur; mais il n'étoit pas en fonds; il n'avoit pas chez lui toute la somme; il m'a dit de retourner ce soir. Je vais vous rendre le billet, si vous voulez.

LE CHEVALIER.

Hé! garde-le; que veux-tu que j'en faſſe? La baronne eſt là-dedans; que fait-elle?

FRONTIN.

Elle s'entretient avec Liſette d'un carroſſe que je vais ordonner pour elle, & d'une certaine maiſon de campagne qui lui plaît et qu'elle veut louer, en attendant que je lui en faſſe faire l'acquiſition.

LE CHEVALIER.

Un carroſſe, une maiſon de campagne! quelle folie!

FRONTIN.

Oui; mais tout cela doit ſe faire aux dépens de M. Turcaret. Quelle ſageſſe!

LE CHEVALIER.

Cela change la theſe.

FRONTIN.

Il n'y a qu'une choſe qui l'embarraſſoit.

LE CHEVALIER.

Hé quoi?

FRONTIN.

Une petite bagatelle.

LE CHEVALIER.

Dis-moi donc ce que c'eſt?

FRONTIN.

Il faut meubler cette maison de campagne elle ne sçavoit comment engager à cela M. Turcaret; mais le génie supérieur qu'elle a placé auprès de lui s'est chargé de ce soin-là.

LE CHEVALIER.

De quelle manière t'y prendras-tu ?

FRONTIN.

Je vais chercher un vieux coquin de ma connoissance qui nous aidera à tirer dix mille francs dont nous avons besoin pour nous meubler.

LE CHEVALIER.

As-tu bien fait attention à ton stratageme ?

FRONTIN.

Ho! qu'oui, monsieur! C'est mon fort que l'attention : j'ai tout cela dans ma tête; ne vous mettez pas en peine. Un petit acte supposé... un faux exploit...

LE CHEVALIER.

Mais prends-y garde, Frontin; M. Turcaret sçait les affaires.

FRONTIN.

Mon vieux coquin les sçait encore mieux que lui : c'est le plus habile, le plus intelligent écrivain...

LE CHEVALIER.

C'eſt une autre choſe.

FRONTIN.

Il a preſque toujours eu ſon logement dans les maiſons du roi, à cauſe de ſes écritures.

LE CHEVALIER.

Je n'ai plus rien à te dire.

FRONTIN.

Je ſçais où le trouver à coup ſûr, et nos machines feront bientôt prêtes; adieu. Voilà M. le marquis qui vous cherche.

(Il ſort.)

SCÈNE II.

LE CHEVALIER, LE MARQUIS.

LE MARQUIS.

Ah! palſambleu, chevalier, tu deviens bien rare, on ne te trouve nulle part; il y a vingt-quatre heures que je te cherche pour te conſulter ſur une affaire de cœur.

LE CHEVALIER.

Hé! depuis quand te mêles-tu de ces ſortes d'affaires, toi.

LE MARQUIS.

Depuis trois ou quatre jours.

LE CHEVALIER.

Et tu m'en fais aujourd'hui la premiere confidence? Tu deviens bien difcret.

LE MARQUIS.

Je me donne au diable fi j'y ai fongé. Une affaire de cœur ne me tient au cœur que très-faiblement, comme tu fçais. C'eft une conquête que j'ai faite par hafard, que je conferve par amufement, et dont je me déferai par caprice, ou par raifon peut-être.

LE CHEVALIER.

Voilà un bel attachement!

LE MARQUIS.

Il ne faut pas que les plaifirs de la vie nous occupent trop férieufement. Je ne m'embarraffe de rien, moi; elle m'avoit donné fon portrait, je l'ai perdu; un autre f'en pendroit, je m'en foucie comme de cela.

LE CHEVALIER.

Avec de pareils fentimens tu dois te faire adorer. Mais, dis-moi un peu, qu'eft-ce que c'eft que cette femme-là?

LE MARQUIS.

C'eſt une femme de qualité, une comteſſe de province; car elle me l'a dit.

LE CHEVALIER.

Hé! quel temps as-tu pris pour faire cette conquête-là? Tu dors tout le jour, & bois toute la nuit ordinairement.

LE MARQUIS.

Ho! non pas, non pas! s'il vous plaît; dans ce temps-ci, il y a des heures de bal : c'eſt là qu'on trouve de bonnes occaſions.

LE CHEVALIER.

C'eſt-à-dire que c'eſt une connoiſſance de bal?

LE MARQUIS.

Juſtement : j'y allois l'autre jour, un peu chaud de vin; j'étois en pointe, j'agaçois les jolis maſques. J'aperçois une taille, un air de gorge, une tournure de hanches. J'aborde, je prie, je preſſe, j'obtiens qu'on ſe démaſque je vois une perſonne...

LE CHEVALIER.

Jeune, ſans doute.

LE MARQUIS.

Non, aſſez vieille.

LE CHEVALIER.

Mais belle encore, et des plus agréables?

LE MARQUIS.

Pas trop belle.

LE CHEVALIER.

L'amour, à ce que je vois, ne t'aveugle pas.

LE MARQUIS.

Je rends juſtice à l'objet aimé.

LE CHEVALIER.

Elle a donc de l'eſprit.

LE MARQUIS.

Ho! pour de l'eſprit, c'eſt un prodige. Quel flux de penſées! quelle imagination! Elle me dit cent extravagances qui me charmèrent.

LE CHEVALIER.

Quel fut le réſultat de la converſation?

LE MARQUIS.

Le réſultat? Je la ramenai chez elle avec ſa compagnie; je lui offris mes ſervices, & la vieille folle les accepta.

LE CHEVALIER.

Tu l'as revue depuis!

LE MARQUIS.

Le lendemain au soir, des que je fus levé, je me rendis à son hôtel.

LE CHEVALIER.

Hôtel garni, apparemment?

LE MARQUIS.

Oui, hôtel garni.

LE CHEVALIER.

Hé bien?

LE MARQUIS.

Hé bien, autre vivacité de converfation, nouvelles folies, tendres proteftations de ma part, vives reparties de la fienne. Elle me donna ce maudit portrait que j'ai perdu avant-hier. Je ne l'ai pas revue depuis. Elle m'a écrit, je lui ai fait réponfe; elle m'attend aujourd'hui; mais je ne fçais ce que je dois faire. Irai-je, ou n'irai-je pas? Que me confeilles-tu? C'eft pour cela que je te cherche.

LE CHEVALIER.

Si tu n'y vas pas, cela fera malhonnête.

LE MARQUIS.

Oui; mais, fi j'y vais auffi, cela paraîtra bien empreffé; la conjoncture eft délicate.

Marquer tant d'empreſſement, c'eſt courir apres une femme; cela eſt bien bourgeois; qu'en dis-tu ?

LE CHEVALIER.

Pour te donner conſeil là-deſſus, il faudroit connoître cette perſonne-là.

LE MARQUIS.

Il faut te la faire connoître. Je veux te donner ce ſoir à ſouper chez elle avec ta baronne.

LE CHEVALIER.

Cela ne ſe peut pas pour ce ſoir, car je donne à ſouper ici.

LE MARQUIS.

A ſouper ici ! je t'amene ma conquête.

LE CHEVALIER.

Mais la baronne...

LE MARQUIS.

Ho ! la baronne ſ'accommodera fort de cette femme-là; il eſt bon même qu'elles faſſent connoiſſance : nous ferons quelquefois de petites parties carrées.

LE CHEVALIER.

Mais ta comteſſe ne fera-t-elle pas difficulté de venir avec toi tête à tête dans une maiſon...?

LE MARQUIS.

Des difficultés! Ho! ma comtesse n'est point difficultueuse; c'est une personne qui sçait vivre, une femme revenue des préjugés de l'éducation.

LE CHEVALIER.

Hé bien, amene-la, tu nous feras plaisir.

LE MARQUIS.

Tu en seras charmé, toi. Les jolies manieres! Tu verras une femme vive, pétulante, distraite, étourdie, dissipée, et toujours barbouillée de tabac. On ne la prendroit pas pour une femme de province.

LE CHEVALIER.

Tu en fais un beau portrait; nous verrons si tu n'es pas un peintre flatteur.

LE MARQUIS.

Je vais la chercher. Sans adieu, chevalier.

LE CHEVALIER.

Serviteur, marquis.

SCÈNE III.

LE CHEVALIER, *seul.*

Cette charmante conquête du marquis est apparemment une comtesse comme celle que j'ai sacrifiée à la baronne.

SCÈNE IV.

LE CHEVALIER, LA BARONNE.

LA BARONNE.

Que faites-vous donc là seul, chevalier? Je croyois que le marquis étoit avec vous?

LE CHEVALIER, *riant.*

Il sort dans le moment, madame... Ha! ha! ha!

LA BARONNE.

De quoi riez-vous donc?

LE CHEVALIER.

Ce fou de marquis est amoureux d'une femme de province, d'une comtesse qui loge en chambre garnie; il eſt allé la prendre chez elle pour l'amener ici : nous en aurons le divertiſſement.

LA BARONNE.

Mais, dites-moi, chevalier, les avez-vous priés à ſouper ?

LE CHEVALIER.

Oui, madame; augmentation de convives, ſurcroît de plaiſir; il faut amuſer M. Turcaret, le diſſiper.

LA BARONNE.

La préſence du marquis le divertira mal : vous ne ſçavez pas qu'ils se connoiſſent, ils ne ſ'aiment point; il ſ'eſt paſſé tantôt, entre eux une ſcene ici...

LE CHEVALIER.

Le plaiſir de la table raccommode tout. Ils ne ſont peut-être pas ſi mal enſemble qu'il ſoit impoſſible de les réconcilier. Je me charge de cela; repoſez-vous sur moi; M. Turcaret eſt un bon ſot...

LA BARONNE.

Taiſez-vous, je crois que le voici; je crains qu'il ne vous ait entendu.

SCÈNE V.

LA BARONNE, LE CHEVALIER, M. TURCARET.

LE CHEVALIER, *embraffant M. Turcaret.*

Monsieur Turcaret veut bien permettre qu'on l'embraffe, & qu'on lui témoigne la vivacité du plaifir qu'on aura tantôt à fe trouver avec lui le verre à la main.

M. TURCARET.

Le plaifir de cette vivacité-là... monfieur, fera... bien réciproque : l'honneur que je reçois d'une part... joint à... la fatisfaction que... l'on trouve de l'autre... avec madame, fait, en vérité, que, je vous affure... que... je fuis fort aife de cette partie-là.

LA BARONNE.

Vous allez, monfieur, vous engager dans des complimens qui embarrafferont auffi M. le chevalier; & vous ne finirez ni l'un ni l'autre.

LE CHEVALIER.

Ma coufine a raifon : fupprimons la cérémonie, & ne fongeons qu'à nous réjouir. Vous aimez la musique ?

M. TURCARET.

Si je l'aime? Malpeste! je suis abonné à l'Opéra.

LE CHEVALIER.

C'est la paffion dominante des gens du beau monde.

M. TURCARET.

C'est la mienne.

LE CHEVALIER.

La musique remue les paffions.

M. TURCARET.

Terriblement. Une belle voix, foutenue d'une trompette, cela jette dans une douce rêverie.

LA BARONNE.

Que vous avez le goût bon!

LE CHEVALIER.

Oui, vraiment. Que je fuis un grand fot de n'avoir pas fongé à cet inftrument-là! Ho! parbleu, puifque vous êtes dans le goût des trompettes, je vais moi-même donner ordre...

M. TURCARET, *l'arrêtant toujours.*

Je ne souffrirai point cela, monsieur le chevalier; je ne prétends point que, pour une trompette...

LA BARONNE, *bas, à M. Turcaret.*

Laissez-le aller, monsieur. (*Le chevalier s'en va.*)... (*Haut.*) Et quand nous pouvons être seuls quelques momens ensemble, épargnons-nous, autant qu'il nous sera possible, la présence des importuns.

M. TURCARET.

Vous m'aimez plus que je ne mérite, madame.

LA BARONNE.

Qui ne vous aimeroit pas? Mon cousin le chevalier lui-même a toujours eu un attachement pour vous...

M. TURCARET.

Je lui suis bien obligé.

LA BARONNE.

Une attention pour tout ce qui peut vous plaire.

M. TURCARET.

Il me paroît fort bon garçon.

SCÈNE VI.

LA BARONNE, M. TURCARET, LISETTE.

LA BARONNE.

Qu'y a-t-il Lifette ?

LISETTE.

Un homme vêtu de gris-noir, avec un rabat fale & une vieille perruque. (*Bas*). Ce font les meubles de la maifon de campagne.

LA BARONNE.

Qu'on faffe entrer...

SCÈNE VII.

LA BARONNE, M. TURCARET, LISETTE, FRONTIN, M. FURET.

M. FURET.

Qui de vous deux, mesdames, eft la maîtresse de céans ?

LA BARONNE.

C'est moi : que voulez-vous ?

M. FURET.

Je ne répondrai point que, au préalable, je ne me sois donné l'honneur de vous saluer, vous, madame, & toute l'honorable compagnie, avec tout le respect dû et requis.

M. TURCARET.

Voilà un plaisant original.

LISETTE.

Sans tant de façons, monsieur, dites-nous au préalable qui vous êtes.

M. FURET.

Je suis huissier à verge, à votre service, et je me nomme M. Furet.

LA BARONNE.

Chez moi un huissier !

FRONTIN.

Cela est bien insolent.

M. TURCARET.

Voulez-vous, madame, que je jette ce drôle-là par les fenêtres ? Ce n'est pas le premier coquin que...

M. FURET.

Tout beau, monsieur ! d'honnêtes huissiers comme moi ne sont point exposés à de pareilles aventures. J'exerce mon petit ministère d'une façon si obligeante, que toutes les personnes de qualité se font un plaisir de recevoir un exploit de ma main. En voici un que j'aurai, s'il vous plaît, l'honneur (avec votre permission, monsieur), que j'aurai l'honneur de présenter respectueusement à madame, sous votre bon plaisir, monsieur.

LA BARONNE.

Un exploit à moi ! Voyez ce que c'est, Lisette.

LISETTE.

Moi, madame, je n'y connois rien ; je ne sçais lire que des billets doux. Regarde, toi, Frontin.

FRONTIN.

Je n'entends pas encore les affaires.

M. FURET.

C'est pour une obligation que défunt M. le baron de Porcandorf, votre époux...

LA BARONNE.

Feu mon époux, monsieur ? Cela ne me regarde point ; j'ai renoncé à la communauté.

M. TURCARET.

Sur ce pied-là, on n'a rien à vous demander.

M. FURET.

Pardonnez-moi, monsieur, l'acte étant signé par madame.

M. TURCARET.

L'acte est donc solidaire?

M. FURET.

Oui, monsieur, tres-solidaire, & même avec déclaration d'emploi; je vais vous en lire les termes; ils sont énoncés dans l'exploit.

M. TURCARET.

Voyons si l'acte est en bonne forme.

M. FURET, *apres avoir mis des lunettes.*

« Par-devant, etc., furent présens en leurs
« personnes haut & puissant seigneur George-
« Guillaume de Porcandorf, & dame Agnes-
« Ildegonde de La Dolinvilliere, son épouse,
« de lui dûment autorisée à l'effet des pré-
« sentes, lesquels ont reconnu devoir à Eloi-
« Jérôme Poussif, marchand de chevaux, la
« somme de dix mille livres... »

LA BARONNE.

De dix mille livres!

LISETTE.

La maudite obligation!

M. FURET.

« Pour un équipage fourni par ledit Pouffif, confiftant en douze mulets, quinze chevaux normands, fous poil roux, & trois bardeaux d'Auvergne, ayant tous crins, queues & oreilles & garnis de leurs bâts, felles, brides & licols. »

LISETTE.

Brides et licols! Eft-ce à une femme de payer ces fortes de nippes-là?

M. TURCARET.

Ne l'interrompons point. Achevez, mon ami.

M. FURET.

« Au payement defquelles dix milles livres lesdits débiteurs ont obligé, affecté et hypothéqué généralement tous leurs biens préfens & à venir, fans divifion ni difcuffion, renonçant auxdits droits; & pour l'exécution des préfentes, ont élu domicile chez Innocent-Blaife Le Jufte, ancien procureur au Châtelet, demeurant rue du Bout-du-Monde, Fait et paffé, etc. »

FRONTIN, *à M. Turcaret.*

L'acte eft-il en bonne forme, monfieur?

M. TURCARET.

Je n'y trouve rien à redire que la fomme.

M. FURET.

Que la fomme, monfieur! Ho! il n'y a rien à dire à la fomme, elle eft fort bien énoncée.

M. TURCARET.

Cela eft chagrinant.

LA BARONNE.

Comment, chagrinant! Eft-ce qu'il faudra qu'il m'en coûte férieufement dix mille livres pour avoir figné?

LISETTE.

Voilà ce que c'eft que d'avoir trop de complaifance pour un mari! Les femmes ne fe corrigeront-elles jamais de ce défaut-là.

LA BARONNE.

Quelle injuftice! N'y a-t-il pas moyen de revenir contre cet acte-là, monfieur Turcaret!

M. TURCARET.

Je n'y vois point d'apparence. Si dans l'acte vous n'aviez pas expreffément renoncé aux droits de divifion et de difcuffion, nous pourrions chicaner ledit Pouffif.

LA BARONNE.

Il faut donc fe réfoudre à payer, puifque vous m'y condamnez, monfieur; je n'appelle point de vos décifions.

FRONTIN, *à M. Turcaret.*

Quelle déférence on a pour vos fentimens!

LA BARONNE.

Cela m'incommodera un peu; cela dérangera la deftination que j'avois faite de certain billet au porteur que vous fçavez.

LISETTE.

Il n'importe, payons, madame; ne foutenons point un procès contre l'avis de M. Turcaret.

LA BARONNE.

Le ciel m'en préferve! Je vendrois plutôt mes bijoux, mes meubles.

FRONTIN.

Vendre fes meubles, fes bijoux! et pour l'équipage d'un mari encore! La pauvre femme.

M. TURCARET.

Non, madame, vous ne vendrez rien; je me charge de cette dette-là, j'en fais mon affaire.

LA BARONNE.

Vous vous moquez; je me fervirai de ce billet, vous dis-je.

TURCARET.
Il faut le garder pour un autre usage.
LA BARONNE.
Non, monsieur, non; la noblesse de votre procédé m'embarrasse plus que l'affaire même.
M. TURCARET.
N'en parlons plus, madame; je vais tout de ce pas y mettre ordre.
FRONTIN.
La belle âme!... Suis-nous, sergent, on va te payer.
LA BARONNE.
Ne tardez pas au moins; songez que l'on vous attend.
M. TURCARET.
J'aurai promptement terminé cela, & puis e reviendrai des affaires aux plaisirs.

SCÈNE VIII.

LA BARONNE, LISETTE.

LISETTE.
Et nous vous renverrons des plaisirs aux affaires, sur ma parole. Les habiles fripons que

Les.

MM. Furet et Frontin, & la bonne dupe que M. Turcaret.

LA BARONNE.

Il me paroît qu'il l'eſt trop, Liſette.

LISETTE.

Effectivement, on n'a point aſſez de mérite à le faire donner dans le panneau.

LA BARONNE.

Sçais-tu bien que je commence à le plaindre ?

LISETTE.

Mort de ma vie! point de pitié indiſcrète; ne plaignons point un homme qui ne plaint perſonne.

LA BARONNE.

Je ſens naître malgré moi des ſcrupules.

LISETTE.

Il faut les étouffer.

LA BARONNE.

J'ai peine à les vaincre.

LISETTE.

Il n'eſt pas encore temps d'en avoir; & il vaut mieux ſentir quelque jour des remords pour avoir ruiné un homme d'affaires, que le regret d'en avoir manqué l'occaſion.

SCÈNE IX.

LA BARONNE, LISETTE, JASMIN.

JASMIN.

C'est de la part de madame Dorimène.

LA BARONNE.

Faites entrer. (*Jasmin sort.*) Elle m'envoie peut-être proposer une partie de plaisir; mais...

SCÈNE X.

LA BARONNE, LISETTE, Madame JACOB.

MADAME JACOB.

Je vous demande pardon, madame, de la liberté que je prends. Je revends à la toilette, et me nomme madame Jacob. J'ai l'honneur de vendre quelquefois des dentelles & toutes sortes de pommades à madame Dorimène. Je viens de l'avertir que j'aurai tantôt un bon hasard; mais elle n'est point en argent, & elle m'a dit que vous pourriez vous en accommoder.

LA BARONNE.

Qu'eft-ce que c'eft ?

MADAME JACOB.

Une garniture de quinze cents livres, que veut revendre une fermière des regrats; elle ne l'a mife que deux fois. La dame en eft dégoûtée, elle la trouve trop commune, elle veut s'en défaire.

LA BARONNE.

Je ne ferois point fâchée de voir cette coiffure.

MADAME JACOB.

Je vous l'apporterai dès que je l'aurai, madame; je vous en ferai avoir bon marché.

LISETTE.

Vous n'y perdrez pas; madame eft généreufe.

MADAME JACOB.

Ce n'eft pas l'intérêt qui me gouverne; & j'ai, Dieu merci, d'autres talens que de revendre à la toilette.

LA BARONNE.

J'en fuis perfuadée.

LISETTE.

Vous en avez bien la mine.

MADAME JACOB.

Hé ! vraiment fi je n'avois pas d'autres ressources, comment pourrois-je élever mes enfans auſſi honorablement que je fais ? J'ai un mari, à la vérité, mais il ne ſert qu'à groſſir ma famille, ſans m'aider à l'entretenir.

LISETTE.

Il y a bien des maris qui font tout le contraire.

LA BARONNE.

Hé ! que faites-vous donc, madame Jacob, pour fournir ainſi toute ſeule aux dépenſes de votre famille ?

MADAME JACOB.

Je fais des mariages, ma bonne dame. Il eſt vrai que ce ſont des mariages légitimes, ils ne produiſent pas tant que les autres ; mais, voyez-vous, je ne veux rien avoir à me reprocher.

LISETTE.

C'eſt fort bien fait.

MADAME JACOB.

J'ai marié depuis quatre mois un jeune mousquetaire avec la veuve d'un auditeur des Comptes : la belle union ! Ils tiennent tous les jours table ouverte ; ils mangent la ſucceſſion de l'auditeur le plus agréablement du monde.

LISETTE.

Ces deux personnes-là paroissent bien assorties.

MADAME JACOB.

Ho ! tous mes mariages sont heureux, & si madame étoit dans le goût de se marier, j'ai en main le plus excellent sujet !

LA BARONNE.

Pour moi, madame Jacob ?

MADAME JACOB.

C'est un gentilhomme limousin; la bonne pâte de mari ! il se laissera mener par une femme comme un Parisien.

LISETTE.

Voilà encore un bon hasard, madame.

LA BARONNE.

Je ne sens point en disposition d'en profiter; je ne veux pas sitôt me marier, je ne suis point encore dégoûtée du monde.

LISETTE.

Ho ! bien, je le suis, moi, madame Jacob ; mettez-moi sur vos tablettes.

MADAME JACOB.

J'ai votre affaire; c'est un gros commis qui a déjà quelque bien, mais peu de protection; il cherche une jolie femme pour s'en faire.

LISETTE.
Le bon parti! voilà mon fait.

LA BARONNE.
Vous devez être riche, madame Jacob?

MADAME JACOB, *à la Baronne*.
Hélas! je devrois faire dans Paris une autre figure : je devrois rouler carroſſe, ma chère dame, ayant un frère comme j'en ai un dans les affaires.

LA BARONNE.
Vous avez un frère dans les affaires?

MADAME JACOB.
Et dans les grandes affaires, encore : je ſuis sœur de M. Turcaret, puiſqu'il faut vous le dire; il n'eſt pas que vous n'en ayez ouï parler.

LA BARONNE, *d'un air étonné*.
Vous êtes ſœur de M. Turcaret?

MADAME JACOB.
Oui, madame, je ſuis ſa ſœur de père & de mère même.

LISETTE, *d'un air étonné*.
M. Turcaret eſt votre frère, madame Jacob?

MADAME JACOB.
Oui, mon frère, mademoiſelle, mon propre frère; & je n'en ſuis pas plus grande dame pour cela. Je vous vois toutes deux bien étonnées;

c'est sans doute à cause qu'il me laisse prendre toute la peine que je me donne ?

LISETTE.

Hé! oui; c'est ce qui fait le sujet de notre étonnement.

MADAME JACOB.

Il fait bien pis, le dénaturé qu'il est : il m'a défendu l'entrée de sa maison, & il n'a pas le cœur d'employer mon époux.

LA BARONNE.

Cela crie vengeance.

LISETTE.

Ah! le mauvais frère!

MADAME JACOB.

Aussi mauvais frère que mauvais mari : n'a-t-il pas chassé sa femme de chez lui ?

LA BARONNE.

Ils faisoient donc mauvais ménage !

MADAME JACOB.

Ils le font encore, madame; ils n'ont ensemble aucun commerce, & ma belle-sœur est en province.

LA BARONNE.

Quoi! M. Turcaret n'est pas veuf?

MADAME JACOB

Bon! Il y a dix ans qu'il est séparé de sa

femme, à qui il fait tenir une pension à Valognes, afin de l'empêcher de venir à Paris.

LA BARONNE.

Lisette!

LISETTE.

Par ma foi, madame, voilà un méchant homme!

MADAME JACOB.

Ho! le ciel le punira tôt ou tard, cela ne lui peut manquer; & j'ai déjà ouï dire dans une maison qu'il y avoit du dérangement dans ses affaires.

LA BARONNE.

Du dérangement dans ses affaires?

MADAME JACOB.

Hé! le moyen qu'il n'y en ait pas? C'est un vieux fou qui a toujours aimé toutes les femmes, hors la sienne; il jette tout par les fenêtres dès qu'il est amoureux; c'est un panier percé.

LISETTE, *bas*.

A qui le dit-elle? Qui le sçait mieux que nous?

MADAME JACOB.

Je ne sçais à qui il est attaché présentement; mais il a toujours quelque demoiselle qui le plume, qui l'attrape; & il s'imagine les attraper, lui, parce qu'il leur promet de les époufer. N'eſt-ce pas là un grand ſot? Qu'en dites-vous, madame?

LA BARONNE, *déconcertée.*

Oui, cela n'eſt pas tout à fait...

MADAME JACOB.

Ho! que j'en ſuis aiſe! il le mérite bien, le malheureux! il le mérite bien. Si je connoiſſois ſa maîtreſſe, j'irois lui conſeiller de le piller, de le manger, de le ronger, de l'abîmer. N'en feriez-vous pas autant, mademoiſelle?

LISETTE.

Je n'y manquerois pas, madame Jacob.

MADAME JACOB.

Je vous demande pardon de vous étourdir ainſi de mes chagrins; mais, quand il m'arrive d'y faire réflexion, je me ſens ſi pénétrée, que je ne puis me taire. Adieu, madame; ſitôt que j'aurai la garniture, je ne manquerai pas de vous l'apporter.

LA BARONNE.

Cela ne preſſe pas, madame, cela ne preſſe pas.

SCÈNE XI.

LA BARONNE, LISETTE.

LA BARONNE.

Hé bien, Lisette!

LISETTE.
Hé bien, madame!

LA BARONNE.
Aurois-tu deviné que M. Turcaret eût une sœur revendeuse à la toilette?

LISETTE.
Auriez-vous cru, vous, qu'il eût eu une vraie femme en province?

LA BARONNE.
Le traître! il m'avoit assuré qu'il étoit veuf, & je le croyois de bonne foi.

LISETTE.
Ah! le vieux fourbe!... Mais qu'est-ce donc que cela? qu'avez-vous? Je vous vois toute chagrine; merci de ma vie! vous prenez la chose aussi sérieusement que si vous étiez amoureuse de M. Turcaret.

LA BARONNE.

Quoique je ne l'aime pas, puis-je perdre sans chagrin l'espérance de l'épouser? Le scélérat! il a une femme! il faut que je rompe avec lui.

LISETTE.

Oui; mais l'intérêt de votre fortune veut que vous le ruiniez auparavant. Allons, madame, pendant que nous le tenons, brusquons son coffre-fort, saisissons les billets, mettons M. Turcaret à feu & à sang; rendons-le enfin si misérable, qu'il puisse un jour faire pitié même à sa femme, & redevenir frère de madame Jacob.

Fin du quatrième Acte.

ACTE CINQUIÈME

SCÈNE PREMIÈRE.

LISETTE, *seule.*

La bonne maison que celle-ci pour Frontin & pour moi! Nous avons déjà soixante piſtoles, & il nous en reviendra peut-être autant de l'acte ſolidaire. Courage! ſi nous gagnons ſouvent de ces petites ſommes-là, nous en aurons à la fin une raiſonnable.

SCÈNE II.

LA BARONNE, LISETTE.

LE MARQUIS.
Il me semble que M. Turcaret devroit bien être de retour, Lisette.

LISETTE.
Il faut qu'il lui soit survenu quelque nouvelle affaire... Mais que nous veut ce monsieur ?

SCÈNE III.

LA BARONNE, LISETTE, FLAMAND.

LA BARONNE.
Pourquoi laisse-t-on entrer sans avertir ?

FLAMAND.
Il n'y a pas de mal à cela, madame, c'est moi.

LISETTE.

Hé! c'eſt Flamand, madame! Flamand ſans livrée! Flamand l'épée au côté! Quelle métamorphoſe!

FLAMAND.

Doucement, mademoiſelle, doucement, on ne doit plus, s'il vous plaît, m'appeler Flamand tout court. Je ne ſuis plus laquais de M. Turcaret, non! il vient de me faire donner un bon emploi! oui! je ſuis préſentement dans les affaires, da! &, par ainſi, il faut m'appeler monſieur Flamand, entendez-vous?

LISETTE.

Vous avez raiſon, monſieur Flamand; puiſque vous êtes devenu commis, on ne doit plus vous traiter comme un laquais.

FLAMAND.

C'eſt à madame que j'en ai l'obligation, & je viens ici tout exprès pour la remercier : c'eſt une bonne dame qui a bien de la bonté pour moi, de m'avoir fait bailler une bonne commiſſion qui me vaudra bien cent bons écus par an, & qui eſt dans un bon pays encore; car c'eſt à Falaiſe, qui eſt une ſi bonne ville, & où il y a, dit-on, de ſi bonnes gens.

LISETTE.

Il y a bien du bon dans tout cela, monſieur Flamand.

FLAMAND.

Je suis capitaine-concierge de la porte de Guibray; j'aurai les clefs & pourrai faire entrer & sortir tout ce qu'il me plaira; l'on m'a dit que c'étoit un bon droit que celui-là.

LISETTE.

Peste!

FLAMAND.

Ho! ce qu'il y a de meilleur, c'est que cet emploi-là porte bonheur à ceux qui l'ont; car ils s'y enrichissent tretous. M. Turcaret a, dit-on, commencé par là.

LA BARONNE.

Cela est bien glorieux pour vous, monsieur Flamand, de marcher ainsi sur les pas de votre maître.

LISETTE.

Et nous vous exhortons, pour votre bien, à être honnête homme comme lui.

FLAMAND.

Je vous envoierai, madame, de petits présens de fois à autre.

LA BARONNE.

Non, mon pauvre Flamand, je ne te demande rien.

FLAMAND.

Ho! que si fait! Je sçais bien comme les

commis en usont avec les demoiselles qui les plaçont; mais tout ce que je crains, c'est d'être révoqué; car dans les commissions on est grandement sujet à ça, voyez-vous!

LISETTE.

Cela est désagréable.

FLAMAND.

Par exemple, le commis que l'on révoque aujourd'hui pour me mettre à sa place a eu cet emploi-là par le moyen d'une certaine dame que M. Turcaret a aimée, & qu'il n'aime plus. Prenez bien garde, madame, de me faire révoquer aussi.

LA BARONNE.

J'y donnerai toute mon attention, monsieur Flamand.

FLAMAND.

Je vous prie de plaire toujours à M. Turcaret, madame.

LA BARONNE.

J'y ferai tout mon possible, puisque vous y êtes intéressé.

FLAMAND.

Mettez toujours de ce beau rouge pour lui donner dans la vue.

LISETTE, *repoussant Flamand.*

Allez, monsieur le capitaine-concierge, allez

à votre porte de Guibray. Nous sçavons ce que nous avons à faire, oui ; nous n'avons pas besoin de vos conseils, non ; vous ne ferez jamais qu'un sot : c'est moi qui vous le dis, da ; entendez-vous ?

SCÈNE IV.

LA BARONNE, LISETTE.

LA BARONNE.

Voilà le garçon le plus ingénu...

LISETTE.

Il y a pourtant longtemps qu'il est laquais ; il devroit bien être déniaisé.

SCÈNE V.

LA BARONNE, LISETTE, JASMIN.

JASMIN.

C'est M. le marquis avec une grosse & grande madame.

LA BARONNE.

C'est sa belle conquête ; je suis curieuse de la voir.

LISETTE.

Je n'en ai pas moins d'envie que vous ; je m'en fais une plaisante image...

SCÈNE VI.

LA BARONNE, LISETTE, LE MARQUIS, MADAME TURCARET.

LE MARQUIS.

JE viens, ma charmante baronne, vous présenter une aimable dame, la plus spirituelle, la plus galante, la plus amusante personne... Tant de bonnes qualités, qui vous sont communes, doivent vous lier d'estime & d'amitié.

LA BARONNE.

Je suis très-disposée à cette union... (*Bas à Lisette.*) C'est l'original du portrait que le chevalier m'a sacrifié.

MADAME TURCARET.

Je crains, madame, que vous ne perdiez bientôt ces bons sentimens. Une personne du grand monde, du monde brillant, comme vous, trouvera peu d'agrémens dans le commerce d'une femme de province.

LA BARONNE.

Ah! vous n'avez point l'air provincial, madame; & nos dames le plus de mode n'ont pas de manières plus agréables que les vôtres.

LE MARQUIS.

Ah! palſembleu! non; je m'y connois, madame; & vous conviendrez avec moi, en voyant cette taille & ce viſage-là, que je ſuis le ſeigneur de France du meilleur goût.

MADAME TURCARET.

Vous êtes trop poli, monſieur le marquis; ces flatteries-là pourroient me convenir en province, où je brille aſſez, ſans vanité. J'y ſuis toujours à l'affût des modes; on me les envoie toutes dès qu'elles ſont inventées, & je puis me vanter d'être la première qui ait porté des pretintailles dans la ville de Valognes.

LISETTE, *bas*.

Quelle folle!

LA BARONNE.

Il eſt beau de ſervir de modèle à une ville comme celle-là.

MADAME TURCARET.

Je l'ai miſe sur un pied! j'en ai fait un

petit Paris par la belle jeuneſſe que j'y attire.

LE MARQUIS.

Comment, un petit Paris! Sçavez-vous bien qu'il faut trois mois de Valognes pour achever un homme de cour?

MADAME TURCARET.

Ho! je ne vis pas comme une dame de campagne, au moins, je ne me tiens point enfermée dans un château, je ſuis trop faite pour la ſociété. Je demeure en ville, & j'oſe dire que ma maiſon eſt une école de politeſſe & de galanterie pour les jeunes gens.

LISETTE.

C'eſt une façon de collége pour toute la baſſe Normandie.

MADAME TURCARET.

On joue chez moi, on s'y raſſemble pour médire; on y lit tous les ouvrages d'eſprit qui ſe font à Cherbourg, à Saint-Lô, à Coutances, & qui valent bien les ouvrages de Vire & de Caen. J'y donne auſſi quelquefois des fêtes galantes, des ſoupers-collations. Nous avons des cuiſiniers qui ne ſçavent faire aucun ragoût, à la vérité; mais ils tirent les viandes ſi à propos, qu'un tour de broche de plus ou de moins, elles feroient gâtées.

LE MARQUIS.

C'eſt l'eſſentiel de la bonne chère. Ma foi, vive Valognes pour le rôti!

MADAME TURCARET.

Et pour les bals, nous en donnons ſouvent. Que l'on ſe divertit! cela eſt d'une propreté! Les dames de Valognes ſont les premières dames du monde pour ſçavoir l'art de ſe bien maſquer, & chacune a ſon déguiſement favori. Devinez quel eſt le mien?

LISETTE.

Madame ſe déguiſe en Amour, peut-être?

MADAME TURCARET.

Oh! pour cela, non.

LA BARONNE.

Vous vous mettez en déeſſe, apparemment, en Grâce?

MADAME TURCARET.

En Vénus, ma chère, en Vénus!

LE MARQUIS.

En Vénus! Ah! madame, que vous êtes bien déguiſée!

LISETTE, *bas*.

On ne peut pas mieux.

SCÈNE VII.

LA BARONNE,
MADAME TURCARET, LE MARQUIS,
LISETTE, LE CHEVALIER.

LE CHEVALIER.

Madame, nous aurons tantôt le plus ravissant concert... (*Apercevant madame Turcaret.*) Mais, que vois-je!

MADAME TURCARET.

O ciel!

LA BARONNE, *bas*, *à Lisette*.

Je m'en doutois bien.

LE CHEVALIER.

Est-ce là cette dame dont tu m'as parlé, marquis?

LE MARQUIS.

Oui, c'est ma comtesse. Pourquoi cet étonnement?

LE CHEVALIER.

Oh! parbleu! je ne m'attendois pas à celui-là!

MADAME TURCARET, *bas*.

Quel contre-temps!

LE MARQUIS

Explique-toi, chevalier : est-ce que tu connoîtrois ma comtesse ?

LE CHEVALIER.

Sans doute : il y a huit jours que je suis en liaison avec elle.

LE MARQUIS.

Qu'entends-je ? Ah ! l'infidèle ! l'ingrate !

LE CHEVALIER.

Et, ce matin même, elle a eu la bonté de m'envoyer son portrait.

LE MARQUIS.

Comment, diable ! elle a donc des portraits à donner à tout le monde ?

SCÈNE VIII.

LA BARONNE, LE MARQUIS,
LE CHEVALIER,
MADAME TURCARET, LISETTE,
MADAME JACOB.

MADAME JACOB.

Madame, je vous apporte la garniture que j'ai promis de vous faire voir.

LA BARONNE.

Que vous prenez mal votre temps, madame Jacob! Vous me voyez en compagnie...

MADAME JACOB.

Je vous demande pardon, madame, je reviendrai une autre fois... Mais qu'eſt-ce que je vois? Ma belle-sœur ici! Madame Turcaret!

LE CHEVALIER.

Madame Turcaret!

LA BARONNE.

Madame Turcaret!

LISETTE.

Madame Turcaret!

LE MARQUIS.

Le plaiſant incident!

MADAME JACOB.

Par quelle aventure, madame, vous rencontré-je en cette maison.

MADAME TURCARET, *bas*.

Payons de hardieſſe. (*Haut*). Je ne vous connois pas, ma bonne.

MADAME JACOB.

Vous ne connoiſſez pas madame Jacob? Trédame! eſt-ce à cauſe que depuis dix ans vous êtes ſéparée de mon frère, qui n'a pu vivre

Les.

avec vous, que vous feignez de ne pas me connoître ?

LE MARQUIS.

Vous n'y penſez pas, madame Jacob. Sçavez-vous bien que vous parlez à une comteſſe !

MADAME JACOB.

A une comteſſe ! Hé ! dans quel lieu, s'il vous plaît, eſt ſa comté ? Ha ! vraiment, j'aime aſſez ces gros airs-là ?

MADAME TURCARET.

Vous êtes une inſolente, ma mie.

MADAME JACOB.

Une inſolente ! moi, je ſuis une inſolente ! Jour de Dieu ! ne vous y jouez pas : s'il ne tient qu'à dire des injures, je m'en acquitterai auſſi bien que vous.

MADAME TURCRET.

Ho ! je n'en doute pas : la fille d'un maréchal de Domfront ne doit pas demeurer en reſte de ſottiſes.

MADAME JACOB.

La fille d'un maréchal ! Pardi ! voilà une dame bien relevée, pour venir me reprocher ma naiſſance ! Vous avez apparemment oublié que M. Briochais, votre père, étoit pâtiſſier dans la ville de Falaiſe. Allez, madame la comteſſe, puiſque comteſſe il y a, nous nous connoiffons toutes deux : mon frère rira bien quand il fçaura que vous avez pris ce nom burlefque pour venir vous requinquer à Paris; je voudrois, par plaifir, qu'il vînt ici tout à l'heure.

LE CHEVALIER.

Vous pourrez avoir ce plaifir-là, madame; nous attendons à fouper M. Turcaret.

MADAME TURCARET.

Ahi !

LE MARQUIS.

Et vous fouperez auffi avec nous, madame Jacob; car j'aime les foupers de famille.

MADAME TURCARET.

Je fuis au défefpoir d'avoir mis le pied dans cette maifon.

LISETTE.

Je le crois bien.

MADAME TURCARET.

J'en vais fortir tout à l'heure.

(*Elle veut sortir, le Marquis l'arrête.*)

LE MARQUIS.

Vous ne vous en irez pas, s'il vous plaît, que vous n'ayez vu M. Turcaret.

MADAME TURCARET.

Ne me retenez point, monfieur le marquis, ne me retenez point.

LE MARQUIS.

Oh! palsambleu! mademoiselle Briochais, vous ne sortirez point, comptez là-dessus.

LE CHEVALIER.

Hé! marquis, cesse de l'arrêter!

LE MARQUIS.

Je n'en ferai rien : pour la punir de nous avoir trompés tous deux, je la veux mettre aux prises avec son mari.

LA BARONNE.

Non, marquis; de grâce, laissez-la sortir.

LE MARQUIS, *à la Baronne.*

Prière inutile : tout ce que je puis faire pour vous, madame, c'est de lui permettre de se déguiser en Vénus, afin que son mari ne la reconnoisse pas.

LISETTE.

Ah! par ma foi, voici M. Turcaret.

MADAME JACOB.

J'en suis ravie.

MADAME TURCARET.

La malheureuse journée!

LA BARONNE.

Pourquoi faut-il que cette scène se passe chez moi?

LE MARQUIS.

Je suis au comble de ma joie.

SCÈNE IX.

LA BARONNE, Mme TURCARET,
Mme JACOB, LISETTE,
LE MARQUIS, LE CHEVALIER.
M. TURCARET.

M. TURCARET.

J'AI renvoyé l'huissier, madame, & terminé...
(*Apercevant sa femme & sa sœur.*) Ahi! en
croirai-je mes yeux! ma sœur ici!... &, qui
pis est, ma femme!

LE MARQUIS.

Vous voilà en pays de connoissance, monsieur Turcaret: vous voyez une belle comtesse dont je porte les chaînes; vous voulez bien que je vous la présente; sans oublier madame Jacob.

MADAME JACOB.

Ah! mon frère!

M. TURCARET

Ah! ma sœur! Qui diable les a amenées ici?

LE MARQUIS.

C'est moi, monsieur Turcaret, vous m'avez

cette obligation-là; embrassez ces deux objets chéris. Ah! qu'il paroît ému! J'admire la force du sang & de l'amour conjugal.

M. TURCARET, *bas.*

Je n'ose la regarder; je crois voir mon mauvais génie.

MADAME TURCARET, *bas.*

Je ne puis l'envisager sans horreur.

LE MARQUIS.

Ne vous contraignez point, tendres époux; laissez éclater toute la joie que vous devez sentir de vous revoir après dix années de séparation.

LA BARONNE.

Vous ne vous attendiez pas, monsieur, à rencontrer ici madame Turcaret; & je conçois bien l'embarras où vous êtes. Mais pourquoi m'avoir dit que vous étiez veuf?

LE MARQUIS.

Il vous a dit qu'il étoit veuf! Hé! parbleu! sa femme m'a dit aussi qu'elle étoit veuve. Ils ont la rage tous deux de vouloir être veufs.

LA BARONNE, *à M. Turcaret.*

Parlez : pourquoi m'avez-vous trompée?

M. TURCARET, *tout interdit.*

J'ai cru, madame... qu'en vous faisant accroire que... je croyois être veuf... vous croiriez que... je n'aurois point de femme... (*Bas.*) J'ai l'esprit troublé, je ne sçais ce que je dis.

LA BARONNE.

Je devine votre pensée, monsieur, & je vous pardonne une tromperie que vous avez cru nécessaire pour vous faire écouter ; je passerai même plus avant : au lieu d'en venir aux reproches, je veux vous raccommoder avec madame Turcaret.

M. TURCARET.

Qui ? moi, madame ! Ho ! pour cela, non ; vous ne la connoissez pas, c'est un démon ; j'aimerois mieux vivre avec la femme du Grand-Mogol.

MADAME TURCARET.

Ho ! monsieur, ne vous en défendez pas tant ; je n'en ai pas plus envie que vous, au moins ; & je ne viendrois point à Paris troubler vos plaisirs, si vous étiez plus exact à payer la pension que vous me faites pour me tenir en province.

LE MARQUIS.

Pour la tenir en province ! Ah ! monsieur Turcaret, vous avez tort : madame mérite qu'on lui paye les quartiers d'avance.

MADAME TURCARET.

Il m'en est dû cinq ; s'il ne me les donne

pas, je ne pars point, je demeure à Paris pour le faire enrager : j'irai chez ses maîtresses faire un charivari; & je commencerai par cette maison-ci, je vous en avertis.

M. TURCARET.

Ah! l'insolente!

LISETTE, *bas.*

La conversation finira mal.

LA BARONNE.

Vous m'insultez, madame.

MADAME TURCARET.

J'ai des yeux, Dieu merci, j'ai des yeux; je vois bien tout ce qui se passe en cette maison; mon mari est la plus grande dupe...

M. TURCARET.

Quelle impudence! Ah! ventrebleu! coquine, sans le respect que j'ai pour la compagnie...

LE MARQUIS.

Qu'on ne vous gêne point, monsieur Turcaret, vous êtes avec vos amis, usez-en librement.

LE CHEVALIER, *se mettant au-devant de M. Turcaret.*

Monsieur...!

LA BARONNE.

Songez que vous êtes chez moi.

SCÈNE X.

LA BARONNE, MADAME TURCARET,
M. TURCARET,
MADAME JACOB, LISETTE,
LE MARQUIS,
LE CHEVALIER, JASMIN.

JASMIN, *à M. Turcaret.*

IL y a, dans un carroffe qui vient de s'arrêter à la porte, deux gentilshommes qui fe difent de vos affociés; ils veulent vous parler d'une affaire importante.

M. TURCARET, *fortant.*

Ah! je vais revenir; je vous apprendrai, impudente, à refpecter une maifon...

MADAME TURCARET.

Je crains peu vos menaces.

SCÈNE XI

LA BARONNE, MADAME TURCARET, MADAME JACOB, LISETTE, LE MARQUIS, LE CHEVALIER.

LE CHEVALIER.

Calmez votre efprit agité, madame; que M. Turcaret vous retrouve adoucie.

MADAME TURCARET.

Ho! tous fes emportemens ne m'épouvantent point.

LA BARONNE.

Nous allons l'apaifer en votre faveur.

MADAME TURCARET.

Je vous entends, madame : vous voulez me réconcilier avec mon mari, afin que, par reconnoiffance, je fouffre qu'il continue à vous rendre des foins.

LA BARONNE.

La colère vous aveugle; je n'ai pour objet que la réunion de vos cœurs; je vous abandonne M. Turcaret, je ne veux le revoir de ma vie.

MADAME TURCARET.

Cela eſt trop généreux.

LE MARQUIS.

Puiſque madame renonce au mari, de mon côté je renonce à la femme : allons, renoncés-y auſſi, chevalier. Il eſt beau de ſe vaincre ſoi-même.

SCENE XII.

LA BARONNE,
MADAME TURCARET, MADAME JACOB,
LISETTE, LE MARQUIS,
LE CHEVALIER, FRONTIN.

FRONTIN.

O MALHEUR imprévu ! ô diſgrâce cruelle !

LE CHEVALIER.

Qu'y a-t-il, Frontin ?

FRONTIN.

Les aſſociés de M. Turcaret ont mis garniſon chez lui pour deux cent mille écus que leur emporte un caiſſier qu'il a cautionné. Je venois ici en diligence pour l'avertir de ſe ſauver; mais je suis arrivé trop tard, ses créanciers se sont déjà assurés de sa personne.

MADAME JACOB.

Mon frère entre les mains de ses créanciers ! Tout dénaturé qu'il est, je suis touchée de son malheur : je vais employer pour lui tout mon crédit; je sens que je suis sa sœur.

MADAME TURCARET.

Et moi, je vais le chercher pour l'accabler d'injures; je sens que je suis sa femme.

SCÈNE XIII.

LE MARQUIS, LE CHEVALIER.
FRONTIN, LISETTE.

FRONTIN.

Nous envisagions le plaisir de le ruiner; mais la justice est jalouse de ce plaisir-là; elle nous a prévenus.

LE MARQUIS.

Bon! bon! il a de l'argent de reste pour se tirer d'affaire.

FRONTIN.

J'en doute; on dit qu'il a follement dissipé

des biens immenses ; mais ce n'est pas ce qui m'embarrasse à présent. Ce qui m'afflige, c'est que j'étois chez lui quand ses associés y sont venus mettre garnison.

LE CHEVALIER.

Hé bien ?

FRONTIN.

Hé bien, monsieur, ils m'ont aussi arrêté & fouillé, pour voir si par hasard je ne serois point chargé de quelque papier qui pût tourner au profit des créanciers. Ils se sont saisis, à telle fin que de raison, du billet de madame, que vous m'aviez confié tantôt.

LE CHEVALIER.

Qu'entends-je ? juste ciel !

FRONTIN.

Ils m'en ont pris encore un autre de dix mille francs que M. Turcaret avoit donné pour l'acte solidaire, & que M. Furet venoit de me remettre entre les mains.

LE CHEVALIER.

Hé ! pourquoi, maraud, n'as-tu point dit que tu étois à moi ?

FRONTIN.

Ho ! vraiment, monsieur, je n'y ai pas manqué : j'ai dit que j'appartenois à un chevalier ; mais quand ils ont vu les billets, ils n'ont pas voulu me croire.

LE CHEVALIER.

Je ne me poſsède plus, je suis au déſeſpoir.

LA BARONNE.

Et moi, j'ouvre les yeux. Vous m'avez dit que vous aviez chez vous l'argent de mon billet; je vois par là que mon brillant n'a point été mis en gage; & je ſçais ce que je dois penſer du beau récit que Frontin m'a fait de votre fureur d'hier au ſoir. Ah! chevalier, je ne vous aurois pas cru capable d'un pareil procédé. J'ai chaſſé Marine à cauſe qu'elle n'étoit pas dans vos intérêts, & je chaſſe Liſette parce qu'elle y eſt. Adieu; je ne veux de ma vie entendre parler de vous.

SCÈNE XIV.

LE MARQUIS, LE CHEVALIER, FRONTIN, LISETTE.

LE MARQUIS, *riant.*

Ha! ha! ma foi, chevalier, tu me fais rire; ta conſternation me divertit. Allons ſouper chez le traiteur, & paſſer la nuit à boire.

FRONTIN, *au chevalier.*

Vous ſuivrai-je, monſieur?

LE CHEVALIER, *à Frontin.*

Non; je te donne ton congé; ne t'offre jamais à mes yeux.

(*Le Marquis & le Chevalier sortent.*)

LISETTE.

Et nous, Frontin, quel parti prendrons-nous?

FRONTIN.

J'en ai un à te propofer. Vive l'efprit, mon enfant! Je viens de payer d'audace; je n'ai point été fouillé.

LISETTE.

Tu as les billets?

FRONTIN.

J'en ai déjà touché l'argent, il eft en fûreté; j'ai quarante mille francs. Si ton ambition veut fe borner à cette petite fortune, nous allons faire fouche d'honnêtes gens.

LISETTE.

J'y confens.

FRONTIN.

Voilà le règne de M. Turcaret fini; le mien va commencer.

FIN.

CRITIQUE

DE LA

COMÉDIE DE TURCARET

PAR LE DIABLE BOITEUX

FIN DU DIALOGUE

ASMODÉE, D. CLÉOFAS.

ASMODÉE.

Hé bien, seigneur D. Cléofas, que pensez-vous de cette Comédie? Elle vient de réussir en dépit des cabales : les ris sans cesse renaissans des personnes qui se sont livrées au spectacle ont étouffé la voix des commis & des auteurs.

D. CLÉOFAS.

Oui, mais je crois qu'ils vont bien se donner carrière préfentement, & fe dédommager du filence qu'ils ont été obligés de garder.

ASMODÉE.

N'en doutez point : les voilà déjà qui forment des pelotons dans le parterre, & qui répandent leur venin : j'aperçois entr'autres trois clefs de meutes, trois beaux efprits qui vont entraîner dans leur fentiment quelques petits génies qui les écoutent; mais je vois à leurs trouffes deux amis de l'auteur. Grande difpute; on s'échauffe de part & d'autre. Les uns difent de la pièce plus de mal qu'ils n'en penfent, & les autres penfent moins de bien qu'ils n'en difent.

D. CLÉOFAS.

Hé! quels défauts y trouvent les critiques?

ASMODÉE.

Cent mille.

D. CLÉOFAS.

Mais encore?

ASMODÉE.

Ils difent que tous les perfonnages en sont vicieux, & que l'auteur a peint les mœurs de trop près.

D. CLÉOFAS.

Ils n'ont parbleu pas tout le tort; les mœurs m'ont paru un peu gaillardes.

ASMODÉE.

Il eſt vrai : j'en ſuis aſſez content. La baronne tire fort ſur votre Dona Thomaſſa. J'aime à voir dans les comédies régner mes héroïnes; mais je n'aime pas qu'on les puniſſe au dénoûment; cela me chagrine. Heureuſement il y a bien des pièces françoiſes où l'on m'épargne ce chagrin-là.

D. CLÉOFAS.

Je vous entends. Vous n'approuvez pas que la baronne ſoit trompée dans ſon attente, que le chevalier perde toutes ſes eſpérances, & que Turcaret ſoit arrêté : vous voudriez qu'ils fuſſent tous contens. Car enfin leur châtiment eſt une leçon qui bleſſe vos intérêts.

ASMODÉE.

J'en conviens; mais ce qui me conſole, c'eſt que Liſette & Frontin ſont bien récompenſés.

D. CLÉOFAS.

La belle récompenſe! Les bonnes diſpoſitions de Frontin ne font-elles pas aſſez prévoir que ſon règne finira comme celui de Turcaret ?

ASMODÉE.

Vous êtes trop pénétrant. Venons au caractère de Turcaret, qu'en dites-vous?

D. CLÉOFAS.

Je dis qu'il eſt manqué, ſi les gens d'affaires ſont tels qu'on me les a dépeints. Les affaires ont des myſtères qui ne ſont point ici développés.

ASMODÉE.

Au grand Satan ne plaiſe que ces myſtères ſe découvrent. L'auteur m'a fait plaiſir de montrer ſimplement l'uſage que mes partiſans font des richeſſes que je leur fais acquérir.

D. CLÉOFAS.

Vos partiſans ſont donc bien différens de ceux qui ne le ſont pas ?

ASMODÉE.

Oui vraiment. Il eſt aiſé de reconnoître les mines : ils s'enrichiſſent par l'uſure qu'ils n'oſent plus exercer que ſous le nom d'autrui quand ils ſont riches ; ils prodiguent leurs richeſſes lorſqu'ils ſont amoureux, & leurs amours finiſſent par la fuite ou par la priſon.

D. CLÉOFAS.

A ce que je vois, c'eſt un de vos amis que l'on vient de jouer. Mais dites-moi, seigneur Aſmodée, quel bruit eſt-ce que j'entends auprès de l'orcheſtre ?

ASMODÉE.

C'eſt un cavalier eſpagnol qui crie contre la ſéchereſſe de l'intrigue.

D. CLÉOFAS.

Cette remarque convient à un Eſpagnol. Nous ne ſommes point accoutumés, comme les François, à des pièces de caractères, qui ſont pour la plupart fort foibles de ce côté-là.

ASMODÉE.

C'eſt, en effet, le défaut ordinaire de ces ſortes de pièces : elles ne ſont point aſſez chargées d'événemens. Les auteurs veulent toute l'attention du ſpectateur pour le caractère qu'ils dépeignent, & regardent comme des ſujets de diſtraction les intrigues trop compoſées. Je ſuis de leur ſentiment, pourvu que d'ailleurs la pièce ſoit intéreſſante.

D. CLÉOFAS.

Mais celle-ci ne l'eſt point.

ASMODÉE.

Hé! c'eſt le plus grand défaut que j'y trouve. Elle feroit parfaite ſi l'auteur avoit ſçu engager à aimer les perſonnages; mais il n'a pas eu aſſez d'eſprit pour cela. Il s'eſt aviſé mal à propos de rendre le vice haïſſable Perſonne n'aime la baronne, le Chevalier, ni Turcaret;

ce n'eſt pas là le moyen de faire réuſſir une comédie.

D. CLÉOFAS.

Elle n'a pas laiſſé de me divertir : j'ai eu le plaiſir de voir bien rire. Je n'ai remarqué qu'un homme & une femme qui aient gardé leur ſérieux : les voilà encore dans leur loge : qu'ils ont l'air chagrin ! ils ne paroiſſent guère contens.

ASMODÉE.

Il faut leur pardonner : c'eſt un Turcaret avec ſa baronne. En récompenſe, on a bien ri dans la loge voiſine : Ce ſont des perſonnes de robe qui n'ont point de Turcaret dans leurs familles... Mais le monde achève de s'écouler; ſortons, allons à la Foire voir de nouveaux viſages.

D. CLÉOFAS

Je le veux, mais apprenez-moi auparavant qui eſt cette jolie femme qui paroît auſſi mal ſatisfaite.

ASMODÉE.

C'eſt une dame que les glaces & les porcelaines briſées par Turcaret ont étrangement révoltée : je ne ſçais ſi c'eſt à cauſe que la même ſcène s'eſt paſſée chez elle ce carnaval.

Théâtre de la Foire

LE TABLEAU DU MARIAGE

PIÈCE EN UN ACTE

PAR LE S*** ET F***

Repréfentée à la Foire de Saint-Germain, en l'année 1716.

ACTEURS

M. PEPIN, *bourgeois de Paris.*
MADAME PEPIN, *sa femme.*
DIAMANTINE, *leur nièce.*
OCTAVE, *amant de Diamantine.*
OLIVETTE, *suivante de Diamantine.*
ARLEQUIN, *valet d'Octave.*
SCARAMOUCHE, *confiseur.*
M. MINUTIN, *notaire.*
M. FRANCŒUR, *marchand de rubans.*
TROUPE DE MASQUES ET D'AMIS *invités aux noces.*
SYMPHONISTES.

La scène est à Paris.

LE TABLEAU DU MARIAGE

Le théâtre repréſente une façade de maiſon dans le fond, et un jardin orné de ſtatues dans les ailes.

SCÈNE PREMIÈRE.

DIAMANTINE, OLIVETTE.

OLIVETTE.

AIR : *d'Atys.*

Sangaride, ce jour eſt un grand jour pour vous.

Vous allez donc enfin ſigner les articles de votre mariage. Là, vous ſentez-vous la main aſſez ferme...?

DIAMANTINE.

Je ne ſçais.

OLIVETTE.

Je ne ſçais! Ouais! ce je ne ſçais préſage une rechute d'incertitude.

AIR : *Si dans le mal qui me poſſède.*

En vérité, je vous admire.
Comment? après que devant moi
Octave a reçu votre foi,
Vous voilà prête à vous dédire!
Vous trahiriez votre ſerment!
Fi! Vous avez le cœur normand!

DIAMANTINE.

Ma chère Olivette, apprends ce qui m'effraye.

OLIVETTE.

Voyons.

DIAMANTINE.

J'ai fait un ſonge épouvantable. J'ai vu deux pigeons qui ſortoient d'un colombier...

OLIVETTE.

Deux pigeons qui ſortoient d'un colombier! Voila un commencement de rêve qui fait trembler.

DIAMANTINE.

Ils ſe ſont arrêtés dans un champ. La femelle careſſoit le mâle, qui, bien loin de répondre à ses caresses, lui a donné deux coups de bec en fureur, et s'est envolé.

OLIVETTE.

Ah! le vilain mâle!

DIAMANTINE.

Ce spectacle m'a réveillée. J'ai regardé mon songe comme un avis que le ciel me donne de me défier des hommes. Je ne signerai point le contrat. Je veux auparavant essayer encore le cœur d'Octave, & lui demander un délai.

OLIVETTE.

AIR : *Réveillez-vous, belle endormie.*

Vous aimez, & l'on vous adore,
Pourquoi ces bizarres essais?
Je n'ai point vu de fille encore
Demander de pareils délais.

DIAMANTINE.

Tu me connois. Tu sçais que j'ai pour le mariage une répugnance naturelle.

OLIVETTE.

Oh! dites surnaturelle, s'il vous plaît.

AIR : *D'une main je tiens mon pot.*

Le principe est contre vous,
Avouez-le entre nous.
On peut bien trouver dans des belles
Des répugnances naturelles
Pour certains maris *concedo* :
Mais pour l'hymen, *nego*

DIAMANTINE.

Tes plaisanteries sont hors de saison. J'aime Octave, mais je ne veux pas être malheureuse.

OLIVETTE.

Air : *Dedans nos bois il y a un hermite.*

Que fera-t-on du festin qu'on apprête,
    Que diront vos amis ?
Ils vont bientôt s'assembler pour la fête ;
    Le bal leur est promis,
On rira bien de cette contredanse.
    Je perds patience,
        Moi,
    Je perds patience.

DIAMANTINE.

Je devine ce qui vous fait perdre patience. Vous craignez que le retardement de mes noces ne recule les vôtres ; mais rassurez-vous, mademoiselle Olivette. Vous pouvez, dès aujourd'hui, épouser Arlequin.

Air : *La bonne aventure, ô gai.*

Là-dessus sois sans effroi.
    De plus, je te jure
Que les apprêts faits pour moi,
Mon enfant, seront pour toi.

OLIVETTE, *sautant de joie.*

La bonne aventure,
    O gai,
La bonne aventure.

DIAMANTINE.
Ah! voilà monsieur Minutin, mon flegmatique notaire!

OLIVETTE.
Et voici le brusque monsieur Francœur, marchand de rubans. Ce sont deux caractères bien opposés.

SCÈNE II.

DIAMANTINE, OLIVETTE, M. MINUTIN, M. FRANCŒUR.

M. FRANCŒUR.
AIR : *Belle brune, belle brune.*
  La carogne!
  La carogne!
C'est un esprit à rebours,
C'est un vrai gâte-besogne,
  La carogne!
  La carogne!

Que la peste la crève!

OLIVETTE.
Qui donc, monsieur Francœur?

DIAMANTINE.
De qui parlez-vous?

M. FRANCŒUR.
Hé, parbleu! c'est de ma femme!
DIAMANTINE.
Ah! ah!
OLIVETTE.
Vous en êtes occupé agréablement.
M. MINUTIN, *riant*.
Il faut avoir de fortes raisons pour parler de sa femme dans de pareils termes.
DIAMANTINE.
Assurément.
M. FRANCŒUR.
AIR : *Comme un coucou que l'amour presse.*
 C'est une femme insupportable,
 Qui me met sans cesse en fureur.
 Aussi, je la bats comme un diable.
OLIVETTE, *à Diamantine.*
Entendez-vous, monsieur Francœur?
Heu! le vilain pigeon!
DIAMANTINE.
Qu'a-t-elle donc fait, monsieur Francœur?
M. FRANCŒUR.
La maudite femme devroit être déjà ici, & vous avoir apporté vos rubans.
OLIVETTE.
Quoi! c'est pour cela que vous êtes si fort irrité contre elle?

Scène II.

DIAMANTINE.

C'est là le sujet de votre colère!

M. FRANCŒUR.

Comment, ventrebleu! n'ai-je pas raison?

M. MINUTIN, *souriant.*

Le sujet est bien mince, monsieur Francœur.

M. FRANCŒUR, *le contrefaisant.*

Bien mince, que diable, bien mince! Je ne fais pas le doucereux, comme vous, monsieur Minutin.

M. MINUTIN.

Sans emportement.

M. FRANCŒUR.

Je veux m'emporter, moi! Mêlez-vous de vos affaires.

M. MINUTIN.

AIR : *Oui, je t'aime; l'amour même.*
Quel salpêtre!
Peut-on être
D'un tempérament si vif!

M. FRANCŒUR.
Quelle face
A la glace!
C'est un réfrigératif.

DIAMANTINE.

Doucement, monsieur Francœur. N'insultez pas M. Minutin, mon notaire.

M. FRANCŒUR.

Qu'il me laisse donc en repos.

M. MINUTIN.

Eh! madame, laissez tirer M. Francœur! Je ne crains pas le feu.

M. FRANCŒUR, *le contrefaisant.*

Je ne crains pas le feu. Il vous sied bien de faire le railleur.

OLIVETTE, *à M. Francœur*

AIR : *Tu croyois, en aimant Colette.*

Aurez-vous toujours cette bile ?
Regardez, monsieur Minutin :
Quel maintien joyeux & tranquille!

M. FRANCŒUR.

Il a l'air d'un mari bénin.

M. MINUTIN.

Je me prête à la plaisanterie, monsieur Francœur. Oui, j'aime ma femme. Je ne l'ai jamais tant aimée.

OLIVETTE.

Voilà la perle des époux.

DIAMANTINE.

A propos, comment se porte-t-elle, madame Minutin?

M. MINUTIN, *d'un air riant.*

Fort mal, la pauvre femme. Elle est à l'extrémité. Je l'ai laissée à l'agonie.

DIAMANTINE, *à Olivette.*

A l'agonie, Olivette! à l'agonie! Avec quel sang-froid il dit cela!

OLIVETTE.

Le bourreau! Voici bien un autre pigeon, ma foi!

M. MINUTIN.

AIR : *Quand je tiens de ce jus d'octobre.*

 Mon médecin l'a condamnée.
 Il n'en manque point, entre nous.
 Je ferai veuf dans la journée...

M. FRANCŒUR, *le montrant du doigt.*

 Voilà la perle des époux.

OLIVETTE, *chante.*

AIR : *Mathieu, grâce à Dieu.*

 Mathieu,
 Grâce à Dieu,
 Ma femme est morte...

Quel coup de bec!

DIAMANTINE.

Il dit cela avec une gaieté qui me révolte.

OLIVETTE.

Quels maris!

DIAMANTINE.

O ciel! Allez messieurs, je n'ai pas besoin de vous.

M. MINUTIN.

Mais... votre contrat de mariage...

DIAMANTINE.
Ce ne sera pas pour aujourd'hui.
M. FRANCŒUR.
Vos rubans de noces...
OLIVETTE.
Cela ne presse pas. Tirez, tirez, tendres époux.

M. FRANCŒUR, *faisant la révérence.*

AIR : *Menuet de M. de Grandval.*
Serviteur.
M. MINUTIN.
Adieu donc, madame,
Puisque vous changez de dessein.
M. FRANCŒUR.
Que je vais bien rosser ma femme.
M. MINUTIN.
Moi, bien payer mon médecin !

SCÈNE III.

DIAMANTINE, OLIVETTE.

DIAMANTINE.

JE n'ai pas tort, comme tu vois, de m'arrêter à mon songe.

OLIVETTE.

Oh! madame, Octave vous prépare un sort plus agréable! Je vous en réponds.

DIAMANTINE.

Il me faut une autre caution que toi.

SCÈNE IV.

DIAMANTINE, OLIVETTE, UN LAQUAIS.

LE LAQUAIS.

Votre couturière, madame,

DIAMANTINE.

Faites-la passer dans le salon au bout du jardin. Qu'on laisse la salle à la compagnie qui viendra.

(Diamantine rentre.)

SCENE V.

OLIVETTE, *seule*.

AIR : *Voulez-vous sçavoir qui des deux.*
    Lorsque l'hymen vient l'appeler,
    Un songe la fait reculer.
    Ne faisons point la même faute :
    Toute prête à donner la main,
    Je ne serai pas assez sotte
    Pour rester en si beau chemin.

SCÈNE VI.

OLIVETTE, OCTAVE, ARLEQUIN.

OCTAVE.

QUEL heureux jour, ma chère Olivette! Enfin, l'aimable Diamantine fixe ses irrésolutions & se livre à ma tendresse. Je n'ai jamais été si content; mon cœur ne peut contenir ses transports.

Scène VI.

ARLEQUIN.

AIR : *Réveillez-vous, belle endormie.*
Oui, tiens ne crois pas qu'il se moque;
Ecoute ce tendre sanglot.
    (*Il soupire comiquement.*)
Ouf! L'amour tous deux nous suffoque!
Nous en avons jusqu'au goulot.

AIR : *Les filles de Nanterre.*
Quoi, vous rêvez, ma chère!

OLIVETTE.
Je pense en ce moment
Qu'un hymen qu'on diffère
N'en est que plus charmant.

ARLEQUIN.
Pour une fille nubile, c'est penser bien extraordinairement.

OCTAVE *à Olivette.*
Que veux-tu dire? Explique-toi, de grâce.

OLIVETTE.
Ma maîtresse est dans le salon au bout du jardin. Elle a fait un rêve qui l'embarrasse. Allez lui mettre l'esprit en repos là-dessus.
    (*Octave entre dans la maison.*)

SCÈNE VII.

OLIVETTE, ARLEQUIN.

OLIVETTE.

Rends grâces au ciel de ce que je ne donne pas dans les songes, moi.

ARLEQUIN.

Air : *Belle brune, belle brune.*

Belle brune,
Belle brune,
Quel changement feroient donc
Les songes dans ma fortune,
Belle brune,
Belle brune ?

OLIVETTE.

Air : *Ne m'entendez-vous pas.*

Malgré tous les appas
Du plus doux hyménée,
Olivette obstinée
Fuiroit jusqu'au trépas,
Ne m'entendez-vous pas.

ARLEQUIN.

Tu ne m'épouserois pas, si tu croyois aux songes ?

Scène VII.

OLIVETTE.

Non.

ARLEQUIN.

Comment, diable!

OLIVETTE.

Un rêve qu'a fait Diamantine va peut-être rompre son mariage. Elle a vu en songe deux pigeons...

ARLEQUIN.

Étoient-ils à la crapaudine?

OLIVETTE.

Le mâle a donné deux coups de bec à la femelle.

ARLEQUIN.

Deux coups de bec. Attendez, cela est équivoque. J'ai vu, moi, cent pigeons de Paris, assemblés au bois de Boulogne, se donner de bonne amitié cent coups de bec.

OLIVETTE.

Oh! le pigeon de notre rêve étoit en fureur! Mais laissons cela. Seras-tu bon mari?

ARLEQUIN.

AIR : *de Joconde*.

Tous les jours (j'en jure ma foi),
Oui, ma petite brune,
Je prétends souper avec toi,
Et plutôt deux fois qu'une.

Tous deux contens, tous deux en paix,
Tous deux n'ayant qu'une âme...

OLIVETTE.

Mais on ne nous prendra jamais
Pour l'époux et la femme.

Sans adieu. Je vais rejoindre ma maîtresse.
(*Elle rentre.*)

ARLEQUIN.

Et moi, les danseurs et les symphonistes qui doivent se rendre ici. J'ai des ordres à leur donner de la part de mon maître... Mais que vois-je! C'est Scaramouche.

SCÈNE VIII.

ARLEQUIN, SCARAMOUCHE,

en habit bourgeois, une corbeille à la main.

SCARAMOUCHE.

Eh! bonjour, Arlequin! (*Ils s'embrassent.*) Tu es toujours dans le service, à ce qu'il me semble.

ARLEQUIN.

Est-ce que tu n'y es plus, toi?

SCARAMOUCHE.

J'ai fait une fin, mon enfant. Je suis devenu bourgeois de Paris. Je suis confiturier.

ARLEQUIN, *regardant la corbeille d'un œil d'envie.*

Bel établissement, ma foi! Voilà de ton ouvrage, apparemment?

SCARAMOUCHE.

Sans doute. Ce sont des fruits confits que j'apporte dans cette maison pour une nôce.

ARLEQUIN, *prenant des confitures dans la corbeille.*

J'en veux goûter, pour voir ce que tu sçais faire. A la besogne, on connoît l'ouvrier.

SCARAMOUCHE.

Hé-bien, qu'en dis-tu?

ARLEQUIN, *après avoir mangé, en prend encore.*

Tu es bon confiseur. Parbleu, tu travailles à merveilles.

SCARAMOUCHE, *mettant la corbeille du côté opposé à Arlequin.*

Et toi, de même. Tudieu! vous êtes bien expéditif!

ARLEQUIN, *se léchant les doigts.*

Par quelle aventure as-tu embrassé une si belle profession?

SCARAMOUCHE.

Je vais te le dire. Au commencement de cette année, j'entrai dans une boutique de confiturier, pour y acheter quelques petites douceurs, pour faire des étrennes.

ARLEQUIN, *passant du côté de la corbeille.*

Fort bien.

SCARAMOUCHE.

Je vois dans le comptoir *una dona* qui avait un petit enfant auprès d'elle, *ma una dona bene fatta.*

ARLEQUIN, *mettant la main dans la corbeille.*

Jeune et belle ?

SCARAMOUCHE.

Là, là.

ARLEQUIN.

Blonde ?

SCARAMOUCHE.

Non.

ARLEQUIN.

Brune donc ?

SCARAMOUCHE.

Pas tout à fait. Ses cheveux sont noirs & blancs par-ci, par-là.

ARLEQUIN.

Ah ! oui. En demi-deuil.

Scène VIII.

SCARAMOUCHE, *observant Arlequin qui prend des confitures.*

Je la salue... Je caresse le petit enfant... Mais, que faites-vous là ?

ARLEQUIN, *se voyant surpris.*

Mignon, mignon. Tenez, mon fils.

SCARAMOUCHE.

Vous prenez mes confitures, je crois.

ARLEQUIN.

C'est que je veux donner du bonbon à l'enfant.

SCARAMOUCHE, *mettant la corbeille de l'autre côté.*

Hé, non, non ! vous lui gâterez les dents... Je vous disois donc que je salue la marchande. Je lui demande des dragées, & je commence (vous m'entendez bien) à lui conter fleurettes.

ARLEQUIN, *repassant du côté de la corbeille.*

Conter fleurettes. Je vous entends. Diable ! vous êtes un fin matois.

SCARAMOUCHE, *riant.*

Hé ! hé !... Elle m'écoute ; & pour vous le couper court, elle m'apprend qu'elle est veuve. Je m'offre à l'épouser, elle me prend au mot, &... (*S'apercevant qu'Arlequin visite encore la corbeille.*) Oh, oh ! vous vous plaisez diablement de ce côté-là !

ARLEQUIN.

AIR : *Lon lan-la, derirette.*

C'eſt que j'entends de ce côté
Mieux que de l'autre, en vérité,
Lon lan-la, derirette.

SCARAMOUCHE, *en remettant la corbeille de l'autre côté.*

Demeurez-y donc, mon ami,
Lon lan-la, deriri.

SCÈNE IX.

ARLEQUIN, SCARAMOUCHE, OLIVETTE.

OLIVETTE, *à part, ſans être aperçue.*
Arlequin eſt encore ici !

SCARAMOUCHE.
J'ai donc épouſé cette veuve, & je me ſuis fait confiturier.

OLIVETTE, *à part.*
Écoutons un peu cette converſation.

ARLEQUIN.
Vous avez fort bien fait.

SCARAMOUCHE.

Pas trop. Je me suis bientôt aperçu que j'avais épousé une diablesse, une... En un mot, une femme.

ARLEQUIN.

Une femme. Oui, c'est tout dire.

OLIVETTE, *à part.*

Rien n'est plus galant.

SCARAMOUCHE.

Elle me contre-carre sans cesse, & défait ce que je fais.

ARLEQUIN.

Hé, ne pouvez-vous dompter cette bête quinteuse ?

SCARAMOUCHE.

Comment feriez-vous pour cela ?

ARLEQUIN.

Comment ? ventrebleu ! Je dirois à ma très honorée épouse : Regardez, ma mie, j'ai le bras vigoureux, le poignet ferme, le geste vif. Ensuite, je prendrois ma canne... (*Apercevant Olivette.*) Hoïmé !

OLIVETTE, *faisant la révérence à Arlequin.*

Hé bien ? vous prendriez votre canne...

ARLEQUIN, *interdit, & cherchant à se tirer d'embarras.*

Oui... Je prendrois ma canne... &... & j'irois me promener.

(*Il s'en va brusquement, & emporte la corbeille.*)

SCARAMOUCHE, *courant après lui.*

Rendez-moi du moins le panier.

SCÈNE X.

OLIVETTE, *seule.*

O le scélérat !

AIR : *La faridondaine.*

Je vois que le songe a raison :
 Diamantine est sage.
Ma foi, je serois un oison
 De me mettre en ménage.
Arlequin feroit le pigeon,
 La faridondaine,
 La faridondon ;
 (*A la cantonnade.*)
Attends, tu seras mon mari,
 Biribi,
A la façon de barbari,
 Mon ami.

Mais, voici, ce me semble, un changement de décoration.

SCÈNE XI.

OLIVETTE, DIAMANTINE, OCTAVE.

OCTAVE.

Vous me le promettez donc, charmante Diamantine.

DIAMANTINE.

Oui. Si M. Pepin, mon oncle, me donne une idée du mariage qui autorise vos empressemens, je vous promets de ne plus écouter que mon cœur.

OCTAVE.

Je vais trouver monsieur et madame Pepin. Ils sont trop unis pour ne pas condamner vos incertitudes.

DIAMANTINE.

Elles ne doivent point vous offenser. Je vous estime; & la seule crainte de voir finir trop tôt des sentimens qui me sont chers, m'empêche de vous rendre heureux.

OCTAVE.

Ah! je vous protefte...

DIAMANTINE.

Laiffons-là les proteftations. Mon oncle & ma tante me détermineront. Ils feront bientôt ici.

OCTAVE.

Je vais au-devant d'eux. Pardonnez-moi cette impatience.

(*Il rentre dans la maifon.*)

SCÈNE XII.

DIAMANTINE, OLIVETTE.

OLIVETTE.

Vous me paroiffez rentrer en goût.

DIAMANTINE.

Que veux-tu? Je me fuis enfin rendue aux preffantes inftances d'Octave.

OLIVETTE.

C'eft fort bien fait à vous. Craignez de vous en repentir.

DIAMANTINE.

Qu'entens-je ! toi, qui tantôt....

OLIVETTE.

J'ai fait mes réflexions. Je commence à donner dans les fonges. Croyez-moi.

AIR : *Quel plaifir de voir Claudine.*

 Tenons-nous comme nous fommes,
 Jamais ne nous engageons :
 Je vois qu'aujourd'hui les hommes
 Sont tous de méchants pigeons.

Au diable le meilleur !

SCÈNE XIII.

DIAMANTINE, OLIVETTE, ARLEQUIN.

ARLEQUIN, *transporté de joie.*

AIR : *Jardinier ne vois-tu pas.*

 Vivent les ris & les jeux !
  Ne parlons que de boire.
 L'oncle et la tante tous deux
 Viennent feconder nos vœux.
 Victoire, victoire, victoire !

Voici M. et madame Pepin. Gare, gare !

SCÈNE XIV.

DIAMANTINE, OLIVETTE,
ARLEQUIN,
OCTAVE, M. & MADAME PEPIN.

M. PEPIN, *à Diamantine.*

Hé bien, qu'eſt-ce, ma mignonne ? On raconte de vous des choſes incroyables. Vous voulez, dit-on, différer votre mariage à cauſe d'un ſonge.

MADAME PEPIN.

Un ſonge vous fait peur ! ma nièce ! Quelle pauvreté ! Si vous aviez été au devin, encore paſſe.

OLIVETTE.

Peſte ! madame Pepin a l'esprit fort !

MADAME PEPIN.

Quand M. Pepin me faiſoit l'amour, bien loin d'appréhender le jour de mes noces,

AIR : *Y-avance, y-avance.*

En attendant ce jour charmant,
Je répétois inceſſamment :

Scène XIV.

Viens, beau jour, viens en diligence !
Y-avance, y-avance, y-avance !
Viens remplir mon impatience.

M. PEPIN.

Madame Pepin n'acheta pas le chat en poche lorsqu'elle m'épousa.

AIR : *Jean de Vert.*

Oh ! j'étois dans mes jeunes ans
Un cadet d'importance !
Mes visites chez bien des gens
Tiroient à conséquence.

OLIVETTE.

Oui, je crois qu'entre les galans
Votre oncle brilloit fort du tems
De Jean de Vert (*trois fois*) en France.

MADAME PEPIN.

AIR : *Talalerire.*

Prenez un bon mari, ma fille,

OLIVETTE.

Le mariage lui fait peur.

MADAME PEPIN.

Elle n'est pas de la famille.

M. PEPIN.

Nous n'avons pas cette froideur ;
Nous n'aimons qu'à sauter, qu'à rire ;
(*Il tombe en voulant sauter.*)

OLIVETTE & ARLEQUIN, *le relevant.*

Talaleri, talaleri, talalerire.

DIAMANTINE, *effrayée.*

Ah! mon cher oncle!

M. PEPIN, *relevé.*

Ce n'eſt rien.

MADAME PEPIN, *d'un air inquiet*

N'êtes-vous point bleſſé, mon petit chaton?

M. PEPIN.

Non, ma poule.

OLIVETTE.

Quelle union!

DIAMANTINE.

Oh! pour cela, mon oncle & ma tante vivent dans une intelligence qui fait plaiſir.

M. PEPIN.

Cela eſt véritable.

AIR: *Voulez-vous fçavoir qui des deux.*

J'ai l'honneur d'être marguillier.

MADAME PEPIN.

On nous connoît dans le quartier
Pour ménage incomparable.
En mangeant notre petit rôt,
L'amour eſt avec nous à table.

ARLEQUIN, *à part.*

Il eſt là d'un fort bel écot.

Scène XIV.

M. PEPIN.

Madame Pepin est une franche brebis.

MADAME PEPIN.

Monsieur Pepin est un vrai petit mouton. Il y a trente-huit ans que nous vivons ensemble comme deux tourterelles.

OLIVETTE.

Sans vous donner le moindre coup de bec?

MADAME PEPIN.

Oui, ma mie, trente-huit ans d'amour conjugal.

OCTAVE, *à Diamantine.*

Vous l'entendez, belle Diamantine.

DIAMANTINE.

Rien n'est si charmant.

M. PEPIN.

Madame Pepin! il y a, s'il vous plaît, quarante bonnes années bien complètes.

MADAME PEPIN, *d'un air sérieux.*

Monsieur Pepin!...

M. PEPIN.

Eh! madame Pepin! nous nous sommes mariés en 1676. J'en ai la note dans mon caquiet.

MADAME PEPIN, *d'un air fâché.*

La note, la note! Vous faites-là de belles obfervations. Belle pièce de cabinet.

M. PEPIN.

Croyez-moi, deux ans de plus ou de moins à notre âge... Bafte. Notre tems eft paffé.

MADAME PEPIN, *avec émotion.*

Parlez du vôtre, monfieur Pepin, parlez du vôtre. Vous n'êtes plus bon à rien; mais pour moi..., fuffit. Je ne radote point encore.

M. PEPIN.

Mais, que diable, vous voyez.

MADAME PEPIN, *avec précipitation.*

Oh! je vois, je vois que vous aimez à me contredire. Vous avez ce défaut-là, mon mari.

M. PEPIN.

Vous en avez bien d'autres, vous, ma femme.

MADAME PEPIN.

Je ne fçais comment j'ai pu durer fi long-tems avec un homme auffi infupportable que vous.

DIAMANTINE, *voulant apaifer madame*
Pepin.

Ma tante!

M. PEPIN.

Vous mettez vos ridicules humeurs fur mon compte.

OCTAVE.

Monfieur Pepin.

MADAME PEPIN, *avec emportement.*

Mes ridicules humeurs! Ah! le vieux fou! Jour de Dieu! je vous dévifagerois. Souvenez-vous du chandelier que je vous jetai l'autre jour à la tête.

OLIVETTE, *à madame Pepin.*

Montrez-vous la plus fage.

M. PEPIN.

Souvenez-vous du soufflet que je vous donnai en faifant les rois.

ARLEQUIN, *à M. Pepin.*

Souvenez-vous que vous êtes marguillier.

MADAME PEPIN.

Ne m'échauffez pas les oreilles.

M. PEPIN, *outré.*

Si je mets la main fur vous...

MADAME PEPIN, *furieuſe.*

Ah! c'en eft trop!

M. PEPIN.

Je perds patience.
(*Ils ſe jettent l'un ſur l'autre & ſe battent.*)

OCTAVE, *les séparant.*

Allons, monsieur Pepin, allons!

DIAMANTINE, *les séparant aussi.*

Madame Pepin!

ARLEQUIN, *à M. Pepin.*

Mon oncle!

OLIVETTE, *à madame Pepin.*

Ma tante!

DIAMANTINE, *à Octave.*

Vous voyez, Octave, quelle idée me donnent du mariage les arbitres que vous avez choisis. J'y renonce absolument.

OLIVETTE.

Et moi, tout de même.

OCTAVE, *à part.*

Que je suis malheureux! Il faut attendre un tems plus favorable pour vaincre son entêtement.

(*Il s'en va.*)

ARLEQUIN.

Et moi, mademoiselle Olivette, que vais-je devenir?

OLIVETTE.

Vous, monsieur Arlequin, prenez votre canne et vous allez promener.

ARLEQUIN, *s'en allant.*

Le diable emporte tous les Pepin présens & à venir.

SCÈNE XV.

M. & Mme PEPIN, DIAMANTINE, OLIVETTE,

Troupe de Masques et d'Amis *invités aux fiançailles.*

MADAME PEPIN, *s'essuyant le visage.*
Cet impertinent...!

DIAMANTINE.
Modérez-vous, ma tante. Voici l'assemblée.

OLIVETTE, *à Diamantine.*
Commençons la fête préparée. Faisons les contre-fiançailles. Réjouissons-nous de n'avoir pas fait la sottise de nous marier.

(*Les violons qui sont entrés avec la compagnie se font entendre, & les masques forment une danse qui finit la pièce.*)

FIN

LES TROIS COMÈRES

PIÈCE EN TROIS ACTES

Représentée par la Troupe du sieur Restier, à la Foire de Saint-Germain, 1723.

Prologue

ACTEURS DU PROLOGUE

MADAME MICHEL-ANE.

MADAME DARIOLET.

COLOMBINE.

UN CAVALIER anglais.

La scène est à Paris dans le Jardin du Luxembourg.

LES TROIS COMÈRES

PROLOGUE

Le Théâtre repréſente le Luxembourg.

SCÈNE PREMIÈRE

Mme MICHEL-ANE, Mme DARIOLET, COLOMBINE.

MADAME DARIOLET.

C'est bien dit. Prenons un peu l'air du Luxembourg, avant de nous ſéparer.

COLOMBINE.

Il faut avouer, mes comères, que nous nous sommes bien réjouies. Je suis charmée de la petite partie que nous venons de faire à la Vallée-Tiffart.

MADAME MICHEL-ANE.

Je n'ai jamais eu tant de plaifir.

MADAME DARIOLET.

Ni moi non plus; & cependant nous n'avions point de chapeau.

COLOMBINE.

Et c'eft à cause de cela que nous nous fommes fi bien diverties. Pardi! on a bien befoin d'hommes pour fe mettre de belle humeur! Ils s'imaginent, ces beaux meffieurs-là, que nous ne pouvons pas nous paffer d'eux.

MADAME MICHEL-ANE.

Oui, vraiment, ils croyent cela.

MADAME DARIOLET.

Ils ont, ma foi, grand tort. Ils nous ôtent le plaifir de nous entretenir de mille petites chofes que nous n'oferions rifquer en leur compagnie.

COLOMBINE.

Ce font pour la plupart des épilogueurs, tout farcis de mauvaifes plaifanteries, de mots à double entente. Sont-ils gris, ils ont des manières infupportables; on ne les quitte point fans quelque brouille.

MADAME MICHEL-ANE.

C'eft la vérité. Parlez-moi de trois bonnes comères enfemble.

MADAME DARIOLET.

Elles vivent fans contrainte.

COLOMBINE.

Et, de plus, elles ne craignent point la médifance.

MADAME MICHEL-ANE.

On ne nous mettra pas dans les caquets comme la belle épicière de mon quartier.

COLOMBINE.

Ni comme la chapelière d'auprès de chez nous. Oh! dame, c'eft celle-là qui ne peut pas fe paffer de chapeaux.

MADAME DARIOLET.

Tout cela eft le mieux du monde; mais auffi perfonne ne paye pour nous, & nous dépenfons l'argent de nos maris.

COLOMBINE.

Je vous confeille de les plaindre. Hé, mort de ma vie! ils en font quittes à bon marché.

MADAME MICHEL-ANE.

Vous avez raison.

MADAME DARIOLET, *regardant à terre.*

Ha! Qu'est-ce que j'aperçois là? C'est un diamant.

MADAME MICHEL-ANE, *le ramassant.*

Voyons.

COLOMBINE.

J'en retiens ma part.

MADAME DARIOLET.

Le beau brillant! Quelle trouvaille!

MADAME MICHEL-ANE.

C'est la bague d'un homme.

COLOMBINE, *prenant la bague.*

Voilà un fonds pour nos plaisirs.

MADAME DARIOLET.

Allons le porter à un joaillier.

MADAME MICHEL-ANE.

Je le crois de prix.

COLOMBINE.

Nous en aurons pour tout notre été.

MADAME DARIOLET.

Que nous allons nous donner de bon tems!

COLOMBINE.

Que de fricassées de poulets!

MADAME MICHEL-ANE.

Que de matelottes!

COLOMBINE.

Que de vin de Champagne!

SCÈNE II.

Mme MICHEL-ANE, Mme DARIOLET, COLOMBINE, un CAVALIER.
(*Le Cavalier entre en promenant ses yeux à terre de tous côtés.*)

MADAME DARIOLET, *bas aux autres*.

Que cherche cet homme-ci?

COLOMBINE, *bas*.

Ne serait-ce point le maître du diamant?

MADAME DARIOLET, *bas*.

J'en ai peur.

LE CAVALIER, *les abordant*.

Mesdames, n'auriez-vous point par hasard trouvé une bague, que je viens de perdre dans cette allée?

MADAME MICHEL-ANE, *à part*.

Ahi!

MADAME DARIOLET, *à part*.

Quel rabat-joie!

COLOMBINE, *à part*.

Voilà le pot au lait renversé. (*Au Cavalier.*) Vous êtes bien heureux, monsieur, que votre anneau soit tombé dans des mains scrupuleuses. Tenez, le voici. (*Le Cavalier le prend.*)

MADAME DARIOLET.

Nous étions charmées de l'avoir trouvé; mais nous sommes encore plus sensibles au plaisir de tirer de peine un galant homme.

LE CAVALIER.

En vérité, mesdames, j'ai de la répugnance à vous l'ôter.

COLOMBINE.

Franchement, nous en avons aussi un peu à vous le rendre.

LE CAVALIER.

Votre franchise me plaît. Je veux le donner à une de vous trois; mais il faut auparavant que je sçache qui vous êtes.

MADAME DARIOLET.

Monsieur, je suis femme d'un pâtissier nommé Pierrot Dariolet.

COLOMBINE.

Moi, d'un rôtisseur de la rue de la Huchette, qu'on appelle Arlequin.

MADAME MICHEL-ANE.

Et moi, d'un peintre, qui a nom Michel-Ane.

LE CAVALIER.

Je suis ravi que vous soyez mariées. Hé, dites-moi, comment vos maris en usent-ils avec vous? Parlez-moi, confidemment.

COLOMBINE.

Hé, mais, comme les maris en usent aujourd'hui avec leurs femmes.

MADAME DARIOLET.

Mon époux est un franc brutal, & le plus grand ivrogne de Paris.

COLOMBINE,

Le plus grand ivrogne! Après mon mari.

MADAME MICHEL-ANE.

Mais vous ne songez donc pas que le mien est peintre.

LE CAVALIRR.

Sur ce pied-là, je puis en toute assurance vous faire une proposition.

MADAME DARIOLET, *d'un ton sévère.*

Quelle proposition?

MADAME MICHEL-ANE.

Monsieur!

COLOMBINE.

Comment l'entendez-vous, s'il vous plaît.

LE CAVALIER.

La, la, mesdames, ne vous effarouchez point. Je n'ai rien à vous proposer qui puisse vous offenser. Je vous crois des femmes très raisonnables; mais je juge à votre air que vous feriez volontiers quelque innocente espièglerie à vos époux.

MADAME DARIOLET.

Pourquoi non?

COLOMBINE.

Ce ne seroit pas la première fois.

LE CAVALIER.

Je n'en doute pas. Hé bien, celle de vous trois qui jouera le meilleur tour à son mari, aura la bague.

MADAME MICHEL-ANE.

Tope!

COLOMBINE.

J'y consens.

MADAME DARIOLET, *portant la main à son front.*

Soit. J'aurai bientôt trouvé une pièce dans cette tête-là.

COLOMBINE.

J'ai aussi là-dessus beaucoup de confiance en mon imagination.

MADAME MICHEL-ANE.

Bon. J'ai déjà mon idée, moi.

COLOMBINE, *rêvant*.

Il m'en vient une fort plaisante. La drôle de pensée!..... Mais il me faudroit trop de gens pour exécuter...

LE CAVALIER.

Je vous en offre. Je suis un cavalier anglois qui voyage par curiosité. J'ai un assez grand nombre de domestiques, dont la plupart ne manquent pas d'esprit. Si vous en avez besoin, mesdames, ils sont à votre service, aussi bien que le maître.

MADAME DARIOLET.

Cela n'est pas de refus.

LE CAVALIER.

Venez. Je vais vous conduire à mon hôtel, qui n'est qu'à deux pas d'ici. J'ordonnerai devant vous à mes gens de faire tout ce que vous leur commanderez.

MADAME MICHEL-ANE.

Allons mettre les fers au feu.

MADAME DARIOLET.

Demain matin il y aura bien de la besogne de faite.

COLOMBINE.

Voyons qui l'emportera de nous trois.

(Elles suivent le Cavalier.)

Fin du Prologue.

Acte premier

ACTEURS DU PREMIER ACTE

M. MICHEL-ANE, *peintre.*
MADAME MICHEL-ANE, *sa femme.*
SIMONE, *leur servante.*
SCARAMOUCHE, *amant de Simone.*
TROIS DÉCORATEURS.
MADAME TIRE-POUPART, *sage-femme*, représentée par ARLEQUIN.
UN COMMISSAIRE.
UN GARÇON DE CABARET.
UN SERRURIER.
UN CORDONNIER.
M. FRIZOTON, *perruquier.*
MADAME MOUSSELIN, *lingère.*
TROUPE DE MASQUES.

ACTE PREMIER

Le Théâtre repréfente une rue. On voit en face une maifon garnie, au-deffus de la porte, de plufieurs tableaux neufs et fans cadres, avec cette infcription en lettres d'or fur une planche bleue : *Michel-Ane, peintre*.

SCÈNE PREMIÈRE.

MADAME MICHEL-ANE, SIMONE.

MADAME MICHEL-ANE.

Voila, Simone, la pièce que je veux faire à mon mari. Qu'en dis-tu ?

SIMONE.

Je dis que c'eft à faire à vous.

MADAME MICHEL-ANE.

N'est-il pas vrai ?

SIMONE.

Malepeste! Que les femmes de Paris en sçavent long!

MADAME MICHEL-ANE.

Voici l'heure où M. Michel-Ane a coutume de revenir de la taverne, où il soupe ordinairement. Seconde-moi bien, au moins.

SIMONE.

Oh! laissez-moi faire! Allez, quoique fil de campagne, je ne suis pas si niaise que je le parois.

MADAME MICHEL-ANE.

Attendons-le ici de pied-ferme, & faisons si bien, qu'il n'entre point dans la maison.

SIMONE.

Oui vraiment; car il pourroit s'aviser d'aller fureter dans la chambre où vous avez caché tout notre monde; & il découvriroit le pot aux roses.

MADAME MICHEL-ANE.

C'est ce que je crains.

SIMONE.

C'est ce qu'il faut empêcher.

MADAME MICHEL-ANE.

Chut. J'entends quelqu'un. Ne seroit-ce point lui?

SIMONE.

Justement, c'est Monsieur. Commencez à geindre.

SCENE II.

MADAME MICHEL-ANE, SIMONE, M. MICHEL-ANE.

MADAME MICHEL-ANE, *s'appuyant sur Simone.*

Ah! je n'en puis plus! Ah! Ah!

M. MICHEL-ANE, *à part.*

Ho! ho! Qu'est-ce que j'entends à ma porte? Et quelles femmes est-ce que je vois!

MADAME MICHEL-ANE.

Ah! ah!

SIMONE.

Là, là, madame, prenez courage.

M. MICHEL-ANE, *à part.*

Je crois, Dieu me pardonne, que c'est ma femme qui se plaint. (*Haut.*) Est-ce toi, Simone?

SIMONE.

Eh! c'eſt vous, M. Michel-Ane, venez vîte!

MADAME MICHEL-ANE.

Ah! Ah! Ah!

M. MICHEL-ANE, *s'approchant.*

Qu'y a-t-il donc?

MADAME MICHEL-ANE, *redouble ſes cris.*

Ahi!

M. MICHEL-ANE.

Hé bien, que lui eſt-il arrivé?

SIMONE.

Madame, qui, comme vous ſçavez, eſt groſſe de trois mois, vient de faire un quadrille chez madame Râclot, la femme de ce violon de la Comédie-Françoiſe...

MADAME MICHEL-ANE.

Ah! je me meurs!

SIMONE.

Ses cris me percent le cœur.

M. MICHEL-ANE.

Achève-donc.

SIMONE.

Hé bien, en voulant rentrer au logis, elle vient de tomber & de ſe bleſſer.

M. MICHEL-ANE.

Le maudit quadrille!

Acte I, scène II.

SIMONE.

Elle sent de grandes douleurs. Elle va accoucher assurément.

M. MICHEL-ANE.

Elle avoit bien affaire aussi de sortir de chez elle.

SIMONE.

C'est bien le tems de la gronder. Dépêchez-vous plutôt d'aller chercher une sage-femme.

M. MICHEL-ANE.

Envoyez-y mon apprenti.

SIMONE.

Bon, votre apprenti! c'est un petit coquin qu'on n'a pas vu de la journée.

M. MICHEL-ANE.

Vas-y donc toi, Simone.

MADAME MICHEL-ANE, *d'une voix dolente.*

Non, non, je ne veux point qu'elle m'abandonne. Allez-y vous-même, cher mari.

M. MICHEL-ANE.

Je le veux bien, j'y vais; mais il faut auparavant que je vous aide à rentrer.

SIMONE.

Hé non, je la conduirai bien toute seule.

MADAME MICHEL-ANE, *poussant un cri terrible.*

Ah!

SIMONE,

Vous voyez que cela presse, courez donc vite. Êtes-vous revenu?

M. MICHEL-ANE, *s'en allant*.

Au diable soit le quadrille!

SCÈNE III.

MADAME MICHEL-ANE, SIMONE.

MADAME MICHEL-ANE.

IL est enfin parti.

SIMONE.

Il sera bien ébaubi à son retour.

MADAME MICHEL-ANE.

Je t'en réponds. J'ai bien pris mes mesures; j'ai fait le bec à tous nos voisins. Il ne sçaura que penser de tout ceci. Mais appelle nos décorateurs.

SIMONE, *appelant*.

Holà-ho! messieurs nos décorateurs! descendez.

MADAME MICHEL-ANE.

Mon pauvre diable de mari va passer une nuit bien désagréable.

SIMONE.

Voilà une belle affaire. Vraîment, vraîment, il vous en fait paffer de bien plus mauvaifes, lui.

SCÈNE IV.

MADAME MICHEL-ANE, SIMONE, TROIS DÉCORATEURS.

MADAME MICHEL-ANE.

Ça, mes amis, de la diligence. Enlevez les tableaux; mettez la nouvelle porte; attachez vos barreaux; changez le devant de ma maifon en cabaret.

PREMIER DÉCORATEUR.

Vous serez bientôt servie.

(*On change à vue la première décoration, & l'on met celle du cabaret. Au-deffus de la porte eft écrit en gros caractères* : Ici on fait nôces et feftins.)

SIMONE.

Et l'enfeigne ?

DEUXIÈME DÉCORATEUR.

La voici. C'est une enseigne parlante : *A la femme qui trompe.*

(*On voit peinte dans l'enseigne une femme qui sonne d'une trompe.*)

SIMONE.

Cela est fort bien. (*Riant.*) Ha, ha, ha! qu'il va être attrapé! (*Ils rentrent tous.*)

SCÈNE V.

SCARAMOUCHE, *seul.*

Me voici dans la rue et près de la maison de Simone, *la mia cara.* Donnons-lui une petite sérénade *per* lui chatouiller *il cuore.* (*Il joue un moment de sa guitare, et s'approchant de la maison, il dit :*) Ouais! est-ce que je me trompe? (*Il rit de se trouver devant un cabaret.*) Ha, ha, ha! Je suis à la porte d'un cabaret. L'amour me trouble la cervelle. (*Il veut s'en aller plus loin chercher la maison du peintre. Simone l'appelle.*)

SCÈNE VI.

SCARAMOUCHE, SIMONE.

SIMONE, *à la fenêtre.*

St, ft, ft !

SCARAMOUCHE, *bas.*

Qui appelle ?

SIMONE, *à demi voix.*

C'eſt moi, mon cher Scaramouche. Attends. Je vais deſcendre.

SCÈNE VII.

SCARAMOUCHE, *ſeul.*

Ho, ho ! Simone dans un cabaret, et à l'heure qu'il est ! Voilà une petite paysanne qui se dégourdit diablement.

SCÈNE VIII.

SCARAMOUCHE, SIMONE.

SIMONE, *tâtonnant*.

Où es-tu ?

SCARAMOUCHE.

Me voici.

SIMONE.

Approche.

SCARAMOUCHE.

Que fais-tu donc dans cette taverne ?

SIMONE.

Je vais te le dire. Ma maîtresse veut jouer un tour à son mari, et...

SCÈNE IX.

SCARAMOUCHE, SIMONE.
MADAME MICHEL-ANE, *à sa fenêtre*.

MADAME MICHEL-ANE, *appelant*.

Simone !

Acte I, scène IX.

SIMONE.

Madame!

MADAME MICHEL-ANE.

Que faites-vous donc là?

SIMONE.

Rien. Je m'en vais.

MADAME MICHEL-ANE.

Mais vous êtes là avec un homme.

SCARAMOUCHE, *à part.*

Ahi, ahi, ahi!

SIMONE.

C'eſt un de mes couſins qui venoit ici jouer de son inſtrument, & je le congédie.

MADAME MICHEL-ANE.

Faites-le monter, Simone. Nous l'emploierons à quelque chose.

SCARAMOUCHE, *joyeux.*

Benè, benè.

SIMONE, *l'emmenant.*

Allons, couſin, entrons. C'eſt ici chez nous.

SCÈNE X.

M. MICHEL-ANE, Mme TIRE-POUPART (ARLEQUIN) *tenant une lanterne à la main*.

MADAME TIRE-POUPART.

Hé bien, monsieur le peintre, arriverons-nous bientôt à votre atelier ?

M. MICHEL-ANE.

Nous voici dans ma rue.

MADAME TIRE-POUPART.

J'en suis bien aise. En vérité, c'est un métier bien fatigant que celui d'une sage-femme de Paris. J'y renoncerois, sans le profit que je tire de mon colombier.

M. MICHEL-ANE.

Je vous entends. Vous avez des pensionnaires.

MADAME TIRE-POUPART.

Hélas ! je n'en ai que deux présentement : la nièce d'un huissier à verge, qu'on croit en province chez une parente ; et une jeune servante de procureur, que deux clercs se sont cotisés pour mettre chez moi.

M. MICHEL-ANE.

Vous voyez ma maison... (*Il apperçoit le cabaret, et recule d'étonnement.*) Mais, ai-je la berlue? On diroit que c'eſt un cabaret.

MADAME TIRE-POUPART.

Sans doute; et je vous en félicite. Un peintre qui loge chez un cabaretier est comme un poiſſon dans l'eau.

M. MICHEL-ANE.

Il ne s'agit point de plaiſanter, madame Tire-Poupart. Je ſuis étrangement ſurpris de ce qui ſe préſente à mes yeux... (*Il ſe frotte les yeux*) Que ſignifie cela ? Je reconnois bien les maiſons de mes voiſins; mais, morbleu, ce n'eſt point là la mienne.

MADAME TIRE-POUPART.

Quoi! votre maiſon n'eſt pas auprès de vos voiſins?

M. MICHEL-ANE.

Ma vue me trompe apparemment. C'eſt ce qu'il faut éclaircir. Frappons. (*Il frappe à ſa porte.*)

UNE VOIX, *en dedans.*

Qui est là?

M. MICHEL-ANE.

Ouvrez.

SCÈNE XI.

M. MICHEL-ANE, Mme TIRE-POUPART, UN GARÇON DE CABARET.

LE GARÇON.

Que voulez-vous?

M. MICHEL-ANE.

Je veux entrer chez moi.

LE GARÇON.

Vous prenez une porte pour l'autre apparemment.

M. MICHEL-ANE.

Hé, que diable, je suis le peintre qui tient cette maison.

LE GARÇON.

Vous vous trompez, vous dis-je. Il ne demeure point de peintre ici. Le traiteur qui est dans cette maison l'occupe seul.

M. MICHEL-ANE.

J'enrage que ma maison ne soit pas ma maison.

LE GARÇON, *riant*.

Quel raisonnement!

M. MICHEL-ANE.

Cela n'eſt pas naturel. Il n'y a qu'un moment que c'étoit ma maiſon.

MADAME TIRE-POUPART.

Le drôle de corps.

LE GARÇON.

On voit bien, mon ami, que vous êtes peintre. Vous avez là un petit coup de giblet.

MADAME TIRE-POUPART.

Je m'en ſuis bien apperçue. Il s'eſt imaginé qu'il avoit une femme en couche, et il prend un cabaret pour ſa maiſon. Oh! le grand fou!

M. MICHEL-ANE.

Vous me feriez enrager. Je vous dis que...

LE GARÇON.

Allez, vous n'êtes qu'un ivrogne et un rattier. (*Il lui ferme la porte au nez.*)

SCÈNE XII
M. MICHEL-ANE, Mme TIRE-POUPART

MADAME TIRE-POUPART.

C'eſt donc comme cela, monsieur le barbouilleur, que vous vous moquez des gens

M. MICHEL-ANE.

Mais je ne m'en moque point.

MADAME TIRE-POUPART.

Quoi! vous ferez galoper dans les boues une vénérable matrone, depuis la rue Trousse-Vache jusqu'ici, et tout cela pour rien!

M. MICHEL-ANE.

J'en fuis fâché; mais vous voyez bien que.....

MADAME TIRE-POUPART.

Je vois que vous êtes un extravagant. Je ne fuis qu'une femme; mais, par la ventrebleu, fi vous ne me payez ma peine tout à l'heure, je vais vous repaffer en taille-douce.

M. MICHEL-ANE.

Je n'ai pas un fou fur moi, mon argent eft au logis.

MADAME TIRE-POUPART

Et ton logis eft au diable. Que la pefte te crève! Tiens, maraut, voilà pour t'apprendre à me faire perdre mon tems. (*Elle lui donne des soufflets & des coups de pied au cul.*)

M. MICHEL-ANE.

Ahi, ahi, ahi, ahi!

MADAME TIRE-POUPART.

J'aurois déjà mis au monde, depuis que je

fuis avec toi, fix fils de leur mère. (*Elle continue à le frapper, & s'en va.*)

M. MICHEL-ANE.

Veux-tu donc t'arrêter, hée ! Insolente.....
L'enragée !

SCÈNE XIII.

M. MICHEL-ANE, *seul*.

Que je fuis malheureux !... Dans le fond, elle n'a pas tort de me regarder comme un visionnaire : de mon côté, j'ai raifon de croire que c'eft là ma maifon. Oui, voilà celle de la veuve Mouffelin, la lingère, & voici celle de M. Frizoton, le perruquier. Parbleu, je vais frapper à leurs portes, pour fçavoir d'où vient cette métamorphofe. (*Il frappe à la porte de la lingère.*)

SCÈNE XIV.

M. MICHEL-ANE,
UN CORDONNIER *supposé*.

LE CORDONNIER, *mettant la tête à la fenêtre.*

Qui frappe ?

M. MICHEL-ANE.

Je voudrois dire un mot à madame Mousselin.

LE CORDONNIER.

Je ne connois point cela.

M. MICHEL-ANE.

Madame Mousselin la lingère ne demeure pas ici ?

LE CORDONNIER.

Non vraiment. Je tiens toute la maison, & je suis cordonnier pour femmes. (*Il ferme sa fenêtre.*)

SCÈNE XV.

M. MICHEL-ANE, seul.

Un cordonnier!... Oh! pour le coup, je ne sçais plus où j'en suis. Voyons cependant de l'autre côté. (*Il frappe à la porte du perruquier.*)

SCÈNE XVI.

M. MICHEL-ANE,
UN SERRURIER supposé.

LE SERRURIER, *à sa fenêtre*.

Qui est là-bas?

M. MICHEL-ANE.

Ouvrez, monsieur Frizoton. C'est le peintre votre voisin.

LE SERRURIER.

Il n'y a point de peintre dans cette rue, ni de M. Frizoton.

M. MICHEL-ANE, *tapant du pied.*

Jarni!... Hé, qui diable demeure donc ici?

LE SERRURIER.

C'eſt moi, qui ſuis ſerrurier. (*Il ferme sa fenêtre.*)

SCÈNE XVII.

M. MICHEL-ANE, *seul.*

C'EN eſt trop. Il y a certainement du myſtère là-deſſous... Mais auſſi quelle apparence qu'on ait en ſi peu de tems changé ma maiſon en taverne? Par qui? comment? & pourquoi? Tout un quartier ſe feroit-il donné le mot pour me jouer pièce? Cela n'eſt pas poſſible. Cependant voilà bien ma rue. Non. Plus j'y penſe & moins j'y comprends. Ma foi, je ſuis d'avis, à celle fin que de raiſon, d'aller chercher un commiſſaire et de faire ouvrir ce prétendu cabaret... Mais que vois-je? Il en ſort des maſques! Examinons-les avec attention.

SCÈNE XVIII.

M. MICHEL-ANE, TROUPE DE MASQUES, LE GARÇON.

(*Les Masques sortent en dansant une courte entrée. Ils se mettent ensuite à faire une contre-danse. Ils entourent M. Michel-Ane, & le prennent chacun à tour de rôle pour le faire danser.*)

M. MICHEL-ANE, *se débattant*

VRAÎMENT oui, j'ai bien envie de danser... Laissez-moi donc... J'ai affaire... Mais, mais, avez-vous le diable au corps?

(*Il s'échappe de leurs mains. Le garçon qui est à la porte l'arrête & lui présente à boire, ce qu'il accepte. Après avoir vuidé trois ou quatre verres, il parle bas au garçon qui lui dit:*)

LE GARÇON.

Le maître et la maîtresse viennent de se coucher. Il m'est défendu de recevoir personne; mais revenez demain matin, vous en boirez tant qu'il vous plaira.

(*M. Michel-Ane se retire. Pendant ce tems-là les Masques dansent; & quand ils ont achevé leur ballet, Simone arrive avec sa maîtresse.*)

SCÈNE XIX.

TROUPE DE MASQUES, MADAME MICHEL-ANE, SIMONE LES DÉCORATEURS.

SIMONE.

Il s'eſt retiré. Remettons vite, pendant ſon abſence, les choſes comme elles étoient auparavant. Les tableaux, l'écriteau, la porte. Dépêchons-nous.

(*Les décorateurs remettent le devant de la maiſon dans ſon premier état.*)

LE GARÇON.

Il m'a menacé du commiſſaire. Il ſera ſans doute allé le chercher.

UN DÉCORATEUR.

Il n'a qu'à l'amener quand il voudra, voilà notre affaire faite.

MADAME MICHEL-ANE, *les congédiant.*

Bonſoir, meſſieurs. En vous remerciant. Retirez-vous, nous acheverons le reste.

(*Ils ſ'en vont tous. La maîtreſſe et la ſervante rentrent.*)

SCÈNE XX.

M. MICHEL-ANE, UN COMMISSAIRE.

M. MICHEL-ANE.

Oui, monsieur le Commissaire, ce cabaret-là est un cabaret postiche. Je ne conçois pas bien comment cela s'est pu faire; mais cela est comme je vous l'ai dit.

LE COMMISSAIRE.

C'est ce que nous allons voir.

M. MICHEL-ANE.

Tenez, monsieur, voici l'endroit où ma maison... (*A part.*) Mais, que diable, la voilà elle-même. Je reconnois ma porte, mes tableaux, mon écriteau.

LE COMMISSAIRE.

Mais je ne vois point là apparence de cabaret.

M. MICHEL-ANE.

Il y en avoit pourtant un tout à l'heure, & si vous étiez venu un moment plus tôt, vous l'eussiez vu comme moi.

LE COMMISSAIRE.

Quel conte vous me faites-là !

M. MICHEL-ANE.

Je vais heurter pour fçavoir fi les mêmes gens que j'y ai trouvés y sont encore. (*Il frappe.*) Hola, hola.

SIMONE, *en dedans.*

Qui eft là ?

M. MICHEL-ANE.

C'eft moi. (*A part.*) Voilà pourtant la voix de ma fervante. (*Simone ouvre & paroît avec fa maîtreffe.*)

SCÈNE XXI.

M. MICHEL-ANE, LE COMMISSAIRE, Mme MICHEL-ANE, SIMONE.

SIMONE.

Eh ! monfieur, d'où venez-vous donc à l'heure qu'il eft ?

M. MICHEL-ANE.

D'où je viens, d'où je viens !... Ce n'eft donc plus ici un cabaret ?

SIMONE.

Que voulez-vous dire avec votre cabaret?

MADAME MICHEL-ANE.

Te voilà donc revenu, vilain ivrogne? Tu aurois bien voulu me trouver morte; mais, Dieu merci! mon mal s'est passé, & je ne...

SIMONE.

Allez, monsieur, vous devriez mourir de honte de laisser ainsi une pauvre femme dans l'état où elle étoit.

LE COMMISSAIRE, *branlant la tête.*

Monsieur Michel-Ane, je crains qu'il n'y ait un peu de vision dans votre fait.

M. MICHEL-ANE.

Non, tenez, monsieur le commissaire. Je vous jure que j'ai vû ici un cabaret, mais vû, ce qui s'appelle vû.

LE COMMISSAIRE.

Vous n'y pensez pas.

MADAME MICHEL-ANE.

Allez, monsieur, il invente tout cela pour s'excuser.

SIMONE.

Il n'a que des cabarets en tête.

M. MICHEL-ANE.

Encore une fois, je vous dis que j'ai vû des

barreaux, une enseigne & des masques, qui m'ont fait danser en dépit de moi.

LE COMMISSAIRE.

Quelles chimères!

M. MICHEL-ANE.

Je vous proteste que....

LE COMMISSAIRE.

Croyez-moi, mon ami, tout ceci n'est qu'un coup d'imagination. Vous êtes peintre : les couleurs vous auront altéré le cerveau, & vous aurez cru voir ce qui n'étoit pas.

M. MICHEL-ANE.

Mais la sage-femme que j'ai amenée a vû la même chose que moi.

LE COMMISSAIRE.

Elle est folle.

M. MICHEL-ANE.

Il faut donc que le diable s'en soit mêlé, & qu'il m'ait fasciné les yeux; ou bien j'aurai pris une autre rue pour celle-ci.

SIMONE.

C'est plutôt cela.

M. MICHEL-ANE.

C'est ce que je vais sçavoir. Attendez, attendez. *(Il va frapper à la porte du perruquier.)* Monsieur Frizoton!

M. FRIZOTON, *en dedans.*

Tout à l'heure.

M. MICHEL-ANE, *à part.*

C'est sa voix.

SCÈNE XXII.

Les Acteurs de la scène précédente,
M. FRIZOTON.

M. FRIZOTON, *à sa fenêtre.*

Que vous plaît-il, monsieur Michel-Ane?

M. MICHEL-ANE, *riant.*

Je vous le dirai demain. Bonsoir. (*Il va à la porte de madame Mousselin.*) Holà, madame Mousselin.

SCÈNE XXIII.

**M. & Mme MICHEL-ANE, SIMONE,
LE COMMISSAIRE, Mme MOUSSELIN.**

MADAME MOUSSELIN, *à sa fenêtre.*

Qu'y a-t-il pour votre service, mon voisin?

M. MICHEL-ANE, *riant*,

Rien, rien.

SCÈNE XXIV.

**M. & Mme MICHEL-ANE, SIMONE,
LE COMMISSAIRE.**

M. MICHEL-ANE.

Oui, ma foi, j'ai pris une autre rue pour la nôtre. Je me suis trompé, je le vois bien.

LE COMMISSAIRE.

Quoi qu'il en soit, croyez-moi, M. Michel-

Ane, rentrez chez vous, ne buvez pas tant, & mangez de la foupe. (*Le commiffaire s'en retourne.*)

M. MICHEL-ANE, *en rentrant.*
Je me fuis trompé, je me fuis trompé.

SIMONE, *le pouffant devant elle.*
Mangez de la foupe, mangez de la foupe.

Fin du premier Acte.

Acte Deuxième

ACTEURS DU DEUXIÈME ACTE.

PIERROT, *pâtissier*

MADAME DARIOLET, *sa femme*

TALMOUZIN, *leur garçon de boutique*

M. MARTIN, *voisin et compère de Pierrot,*

RAFFINOT ou M. DE LA FOSSE, *médecin.*

PLUSIEURS ZANIS.

LE DIABLE, *examinateur.*

TYSIPHONE, *la femme de Pierrot.*

DEUX LUTINS.

LE DIABLE, *ordonnateur.*

SIX OMBRES DANSANTES.

ACTE DEUXIÈME

Le Théâtre repréfente une chambre.

SCÈNE PREMIÈRE.

Mme DARIOLET, *plufieurs* ZANIS.

MADAME DARIOLET.

Je ne fçais pas quels tours mes deux comères joueront cette nuit à leurs maris, mais je doute fort qu'ils foient meilleurs que la pièce que je prépare à Pierrot.

PREMIER ZANI.

Vous avez tout l'air d'avoir le diamant, madame Dariolet.

MADAME DARIOLET.

Je compte bien là-deffus.

DEUXIÈME ZANI.

Ce que je trouve de plus crouſtilleux, c'eſt le perſonnage que vous devez faire.

MADAME DARIOLET.

Il eſt vrai. J'aurai, outre la récompenſe que j'attends, le plaiſir de me venger impunément de ce chien d'ivrogne, & de l'étriller comme un baudet.

PREMIER ZANI.

Ha, ha, ha! j'en ris par avance.

MADAME DARIOLET

Ho ça, tout eſt-il prêt?

DEUXIÈME ZANI.

Oui, Pierrot n'a qu'à venir. Sot, comme vous ſçavez qu'il eſt, nous ne lui aurons pas dit trois fois qu'il est malade, qu'il se croira mort. Mais voici l'homme qui doit faire le médecin.

SCÈNE II.

MADAME DARIOLET, les ZANIS, RAFFINOT.

MADAME DARIOLET.

Soyez le bien venu, monsieur Raffinot. Vous voilà en habit d'ordonnance.

RAFFINOT.

Aussi l'ai-je emprunté d'un véritable docteur en médecine.

MADAME DARIOLET.

Mais ce n'est pas assez; il faut songer à bien faire le médecin.

RAFFINOT.

Du diable! Je n'ai pas envie de me faire pendre.

MADAME DARIOLET.

Pourquoi pendre?

RAFFINOT.

C'est que, si je voulois bien faire le médecin, je pourrois envoyer votre mari en l'autre monde; au lieu qu'il s'agit seulement de lui faire accroire qu'il est malade, & de l'assoupir par une liqueur. Peste! l'habit de médecin n'en donne pas les prérogatives.

MADAME DARIOLET.

Vous avez raison. Et votre liqueur fait-elle promptement son effet ?

RAFFINOT.

Très vite.

MADAME DARIOLET.

Mais prenez garde à la dose. Le sommeil ne doit durer que très peu.

RAFFINOT.

Il ne durera qu'autant de tems qu'il en faut pour transporter Pierrot dans la cave de votre voisin, que vous avez choisie pour le lieu de la scène.

MADAME DARIOLET.

Voilà qui est bien. (*Au troisième Zani.*) Et vous, grand garçon, quel rôle ferez-vous ?

TROISIÈME ZANI.

Je ferai le diable.

MADAME DARIOLET.

Cela ne vous conviendra pas mal. Ha! voici le compère Martin qui doit être un de nos acteurs. Qu'a-t-il à rire si fort ?

SCÈNE III.

Les Acteurs de la scène précédente,
M. MARTIN.

M. MARTIN, *riant à gorge déployée.*

Ha, ha, ha, ha, ha!

MADAME DARIOLET.

Qu'y a-t-il donc, compère?

M. MARTIN, *riant toujours.*

C'est que..... ha, ha, ha!

MADAME DARIOLET.

Hé bien, monsieur Martin!

M. MARTIN.

Ah! ma voisine, la drôle de chose! Le compère Pierrot donne à merveilles dans le panneau. Ha, ha, ha, ha! Je lui ai fait dire par ma femme que je venois de mourir d'apoplexie. Il est actuellement occupé à consoler madame Martin qui fait la désespérée. Ha ha, ha!

LES ZANIS.

Ha, ha, ha, ha!

MADAME DARIOLET.

Cela eſt bien imaginé.

M. MARTIN.

Quand il me verra à ſon réveil, jugez ſi cela ne fera pas un bon effet.

MADAME DARIOLET.

Paix, paix! Je l'entends. Retirez-vous tous par la porte de derrière.

M. MARTIN.

Sans adieu, je vais achever de ranger tout dans ma cave. (*Ils ſortent tous, excepté madame Dariolet.*)

SCÈNE IV.

MADAME DARIOLET, PIERROT.

PIERROT, *à part.*

Le pauvre Martin! Quel dommage! Hier au ſoir il étoit ſi guilleret; il buvoit de ſi bon cœur; et le voilà fricaſſé.

MADAME DARIOLET.

Qu'as-tu donc, mon fils, que tu es ſi affligé?

PIERROT.

Ah! ma femme, tu ne sçais pas? notre compère Martin est mort.

MADAME DARIOLET.

Hélas! je viens de l'apprendre tout à l'heure. Le pauvre homme!... Mais vous, mon ami, comme vous voilà!

PIERROT.

Hé mais, je t'avouerai, ma mie, que cette mort-là m'a tout tribouillé le sang. Je suis tout je ne sçais comment.

MADAME DARIOLET.

Il n'y a point de je ne sçais comment à cela. Vous vous trouvez mal : Asseyez-vous; vous n'en pouvez plus. (*Elle le tire sur une chaise.*)

PIERROT.

Mais, mais aussi, je ne suis pas si malade que tu veux dire. (*Il trébuche et tombe assis.*)

MADAME DARIOLET, *criant.*

Talmouzin! garçon! Hé, vite! hé, vite! au secours!

SCÈNE V.

Mme DARIOLET, PIERROT, TALMOUZIN.

TALMOUZIN, *accourant.*

Qu'y a-t-il, notre maîtresse ? Qu'avez-vous ?

MADAME DARIOLET.

Ah ! Talmouzin, que je suis malheureuse. Tiens, vois dans quel état... (*Elle pleure.*)

TALMOUZIN, *regardant Pierrot.*

Hélas ! notre maître, comme vous v'là blême !

PIERROT.

Je suis blême ?

TALMOUZIN.

Vous êtes tout débiscaillé.

MADAME DARIOLET.

Attendez que je vous frotte d'eau de la reine d'Hongrie.

PIERROT, *se débattant.*

Hé ! ventrebille, femme, est-ce pour rire ? Je me sens bien. Je n'ai pas besoin de...

MADAME DARIOLET.

Garçon, tiens-lui la tête! Il est en délire!

TALMOUZIN. *Il lui tient la tête; &, après l'avoir, par cette occasion masqué de farine, il s'écrie :*

Ah! quel visage. Il empire à vue d'œil.

PIERROT, *en colère, se levant.*

Vous me feriez enrager tous deux! Voyons donc comme je suis.

MADAME DARIOLET, *lui présentant un miroir.*

O ciel! Tenez, regardez-vous dans ce miroir.

PIERROT, *saisi de frayeur de se voir pâle.*

Mais, ma femme, effectivement... je crois que tu as raison. Quoi, seroit-ce tout de bon?... Hélas! cela n'est que trop véritable. (*Il s'affoiblit, les jambes lui flageollent, & il se laisse retomber sur sa chaise.*) Je me sens les jambes... (*La parole lui manque.*)

MADAME DARIOLET, *redoublant ses larmes.*

Ah! Pierrot, mon cher ami: Talmouzin! cours vite chez le premier médecin.

SCÈNE VI.

PIERROT, MADAME DARIOLET.

MADAME DARIOLET.

Hé bien, mon fils, tu ne me réponds rien. As-tu déjà perdu la parole? (*Elle crie à pleine tête.*) Serre-moi la main comme tu m'entends.

PIERROT.

Oh! ne crie pas si fort! Je ne t'entends que de reste.

MADAME DARIOLET.

Hé, dis-moi, mon pauvre homme, où as-tu pris cette maladie-là?

PIERROT.

Il faut que je l'aye attrappée chez M. Tripotin, ce fripon de cabaretier, chez qui j'ai bu tantôt.

MADAME DARIOLET.

Justement. Je ne m'étonne plus si tu te meurs. Ah! le bourreau! Il t'aura empoisonné! Je n'ai plus de mari! Que vais-je faire avec cinq enfans, & un qui va venir? (*Elle fond en pleurs.*)

PIERROT, *pleurant aussi.*

Hui, hui, hui, hui !

SCÈNE VII.

PIERROT, MADAME DARIOLET,
TALMOUZIN,
M. DE LA FOSSE, *médecin.*

TALMOUZIN.

Voila M. de la Fosse, le médecin, que je vous amène.

MADAME DARIOLET.

Vous voyez, monsieur le docteur, une femme au désespoir.

M. DE LA FOSSE.

Là, là, Madame. Les choses ne sont pas désespérées.

PIERROT.

Monsieur de la Fosse, dites-moi, s'il vous plaît, comme je me porte. Est-il vrai que je suis à l'agonie ?

M. DE LA FOSSE, *lui tâtant le pouls.*

Ma foi, cela va mal.

PIERROT, *effrayé*.

Miféricorde! que dit-il?

M. DE LA FOSSE.

Pourquoi ne m'eft-on pas venu chercher plus tôt.

MADAME DARIOLET.

Eh! cela vient de lui prendre tout à l'heure.

M. DE LA FOSSE, *branlant la tête*.

Nous aurons bien de la peine à tirer cet homme-là d'affaire.

PIERROT, *pleurant*.

Guériffez-moi, je vous en prie, monfieur de la Fosse!

MADAME DARIOLET.

Mon cher monfieur de la Foffe! sauvez mon mari; je vous donnerai tout ce que vous demanderez.

M. DE LA FOSSE.

Il ne tiendra pas à moi, madame, qu'il n'en revienne. Je vais lui donner d'une liqueur que j'allois porter à un hydropique. Elle fera bonne pour lui. (*Il tire une fiole & dit à Pierrot:*) Allons, mon ami, avalez-moi cela.

PIERROT.

Attendez, monfieur le docteur, avant que de boire, feroit-il fi mal que je fiffe mon teftament; car il ne fera peut-être plus tems après cela.

M. DE LA FOSSE.

Non, non, ne craignez rien. Le remède n'eſt pas violent. Voulez-vous que j'en prenne devant vous?

PIERROT.

Oui-dà.

M. DE LA FOSSE.

Volontiers. (*Il boit de la liqueur.*) Vous en pouvez boire à préſent avec confiance. (*Pierrot avale la liqueur & s'endort un moment après.*)

M. DE LA FOSSE.

Qu'on le laiſſe repoſer à préſent. Vous lui donnerez un bouillon dans deux heures; & je viendrai demain matin, pour voir... (*A demi-voix*) Tenez, le voilà déjà endormi. Hâtez-vous de le faire tranſporter dans la cave; car ce ſommeil ne durera pas longtems, je vous en avertis. (*On emporte Pierrot.*)

SCÈNE XIII.

Mme DARIOLET, M. DE LA FOSSE.

MADAME DARIOLET.

Nous avons bien enfourné. Mais dites-moi un peu, monſieur Raffinot, sieur de la

Fosse, pourquoi vous ne vous endormez pas comme lui, puisque vous avez bu la moitié de la drogue.

M. DE LA FOSSE.

Oh! j'ai pris un préservatif pour en boire impunément, ce que j'ai fait tant pour encourager Pierrot que pour la raison que vous sçaurez dans un moment.

MADAME DARIOLET.

Allons le rejoindre.

SCÈNE IX.

Le Théâtre change & représente un souterrain obscur.

PIERROT. (*Il dort assis sur une chaise au milieu du souterrain.*) DEUX LUTINS.

Il paraît un Lutin qui, avec un flambeau en chaque main, traverse le théâtre en faisant la roue. Ces flambeaux sont pleins d'artifice, dont le bruit réveille Pierrot, qui se lève tout étourdi, en criant :

PIERROT.

Au feu! au feu! ma femme! Talmouzin! Que diantre est-ce ceci?... On ne voit plus goutte... Où suis-je? (*Il marche en tâtonnant & en tremblant.*) Quelle figure diabolique ai-je vue tout à l'heure? (*Il vient un Lutin lui faire des niches, & lui donner d'une vessie par le visage.*) Ah! il y a des fantômes ici! A moi quelqu'un! A moi! (*Il descend de la voûte un fanal sur lequel il y a des têtes de diables peintes.*) Ahi, ahi! C'est une lanterne magique. Le vilain endroit! On diroit d'une cave. (*Il recule d'effroi en appercevant M. Martin.*) Oh! qu'est-ce que c'est que cela!

SCÈNE X.

PIERROT, M. MARTIN.

M. MARTIN.

Je ne me trompe point... C'est lui... C'est mon cher Pierrot.

PIERROT, *continuant à reculer*.

C'est le compère Martin qui revient!

M. MARTIN.

Que je t'embrasse, mon ami.

PIERROT.

Tirez, tirez! Ne m'approchez pas!

M. MARTIN.

D'où vient donc?

PIERROT.

Je n'aime point la compagnie des revenans.

M. MARTIN.

Puisque tu es mort aussi bien que moi, qu'as-tu à craindre?

PIERROT.

Comment? je suis mort?

M. MARTIN.

Sans doute. Et nous voici tous deux aux enfers dans l'antichambre de Pluton.

PIERROT.

Il n'est pas possible.

M. MARTIN.

Rien n'est plus véritable.

PIERROT, *se tâtant*.

Je suis mort!

M. MARTIN.

Très mort.

PIERROT.

Pardi! Je ne m'en suis point apperçu.

M. MARTIN.

C'est tout comme moi.

PIERROT.

J'ai donc fait un long voyage en peu de

tems. Je n'ai pas eu le moindre cahot fur la route.

M. MARTIN.

De quelle façon as-tu ceſſé de vivre?

PIERROT.

Hélas! mon pauvre compère, je ne ſçaurois te dire comment cela s'eſt fait. Tout ce que je ſçais, c'eſt qu'un maudit médecin m'a donné quelque choſe à prendre, et me voici.

M. MARTIN.

Il faut que tu m'ayes ſuivi de bien près, mon enfant.

PIERROT.

J'arrive tout à l'heure. Tiens, tâte-moi; je ſuis encore tout chaud.

M. MARTIN, *l'embraſſant.*

Je ſuis ravi de te voir.

PIERROT.

Je m'en ferois bien paſſé encore quelque tems, moi. (*A part.*) Quoi? je ſuis mort?

M. MARTIN.

Ha, ha! Voici un autre homme de ma connoiſſance, M. de la Foſſe, mon médecin.

SCÈNE XI.

PIERROT, M. MARTIN, M. DE LA FOSSE.

PIERROT.

Monsieur de la Foſſe! Eh! c'est lui qui m'a expédié.

M. MARTIN, *abordant M. de la Foſſe*

Serviteur à monſieur de la Foſſe.

PIERROT.

Y-avance, y-avance, médecin de malencontre! Tu vois l'effet de la bonne chienne de drogue que tu m'as baillée.

M. DE LA FOSSE.

Que veux-tu, mon ami? ce n'eſt pas par malice, comme tu vois, puiſque j'en ai bu moi-même.

PIERROT.

Mordi! c'eſt bon employé que tu te ſois attrapé toi-même. J'en ſuis à demi conſolé.

M. DE LA FOSSE.

Je vous quitte pour aller joindre une troupe d'Ombres que je vois. Je crois les connoître.

M. MARTIN.

Oh! vraiment, un médecin eſt ici en pays de connoiſſance.

SCÈNE XII.

PIERROT, M. MARTIN.

(*On voit en cet endroit un diable en l'air, qui traverse le théâtre avec un homme en robe de Palais, qu'il tient entre ses bras.*)

PIERROT.

Ah! Compère! que viens-je de voir passer?

M. MARTIN.

Tu viens de voir un démon qui apporte ici un homme.

PIERROT.

Quel homme eſt-ce?

M. MARTIN.

C'eſt un procureur que des plaideurs ont donné au diable pour étrennes.

(*Il paroît un autre diable qui tient une femme.*)

PIERROT.

Tiens, tiens, en voilà un autre qui apporte une femme.

M. MARTIN.

C'eſt une joueuſe. Elle ſ'eſt donnée elle-même au diable qui l'a priſe au mot.

PIERROT.

Ouf! les vilaines gens qui viennent ici!

M. MARTIN.

C'eſt le Diable examinateur et Tyſiphone la correctrice.

SCÈNE XIII.

PIERROT, M. MARTIN, LE DIABLE EXAMINATEUR, TYSIPHONE, *femme de Pierrot*.

LE DIABLE.

Ho-ça. Examinons un peu ces nouveaux venus.

M. MARTIN.

Monſieur le Diable, j'ai déjà payé ma bien-venue, moi. J'ai été feſſé hier au ſoir pour mes fredaines.

TYSIPHONE.

Cela est vrai.

Acte II, scène XIII.

LE DIABLE, *regardant Pierrot.*

Qui eſt-ce, ce drôle-là ?

PIERROT.

Hélas ! c'eſt un pauvre pâtiſſier nommé Pierrot.

LE DIABLE.

Ha-ha ! Eh ! c'eſt ce coquin qui a vendu tant de pâtés de chat pour des pâtés de lapin ! Il y a longtems que nous t'attendions. Allons, Tyſiphone, deux bons coups de fouet.
(*Tyſiphone donne deux coups de fouet à Pierrot.*)

PIERROT, *criant.*

Ahi, ahi, ahi !

LE DIABLE.

Un fripon qui piquoit les gigots que les bourgeois portoient cuire chez lui, & qui en voloit le jus ! Quatre coups de fouet.

(*Tyſiphone lui donne les quatre coups.*)

PIERROT.

Ahi, ahi, ahi, ahi !

TYSIPHONE.

Vous ne ſongez pas que c'étoit un ſac-à-vin, qui ne bougeoit du cabaret.

LE DIABLE.

Six coups de fouet. (*Tyſiphone le fouette.*)

PIERROT.

Ahi, ahi, ahi, ahi !

TYSIPHONE.

Un joueur qui ruinoit fa famille.

LE DIABLE.

Huit coups.

(*Elle lui donne les huit coups.*)

PIERROT.

Ahi, ahi, ahi, ahi!

TYSIPHONE.

Un libertin qui découchoit très fouvent.

LE DIABLE.

Douze coups. (*Elle les lui donne.*)

PIERROT.

Ahi, ahi, ahi, ahi, ahi!

TYSIPHONE.

Un brutal qui battoit fa femme comme plâtre.

LE DIABLE.

Frappez, madame Tyfiphone, frappez toujours.

(*Elle le frappe sans compter les coups.*)

PIERROT.

Ahi, ahi, ahi! monfieur l'examinateur, c'étoit, fauf votre refpect, une carogne qui me faifoit enrager. Elle ne valoit pas le diable.

LE DIABLE.

Miférable! C'eft bien à toi à faire des comparaifons.

TYSIPHONE, *le frappant encore.*
L'insolent! Il avoit la meilleure femme du monde.

PIERROT.
Arrêtez donc, madame Tysiphone! arrêtez donc! On ne vous dit pas de frapper.

LE DIABLE.
Elle fait bien.

PIERROT.
Je m'apperçois que ma femme a des amis en enfer; je n'en dirai plus de mal.

TYSIPHONE, *s'en allant avec le diable.*
Et tu feras sagement.

SCÈNE XIV.

PIERROT, M. MARTIN.

PIERROT, *se frottant les épaules.*
SERPEDIENNE! comme elle y va! Cela arrive-t-il souvent, mon compère?

M. MARTIN.
Non: On te laissera désormais en repos. Tu passeras même ici le tems fort agréablement: On y fait très bonne chère.

PIERROT.

Bonne chère. Est-ce qu'on mange ici?

M. MARTIN.

Belle demande! N'as-tu pas entendu dire cent fois : Il mange comme un diable!

PIERROT.

Tant mieux, car je me sens un grand appétit.

M. MARTIN.

Vraiment, on a ici un appétit de diable.

PIERROT.

C'est ce qu'il me semble. Je mangerois bien; mais, comme je suis mort, je n'ose pas demander à manger.

M. MARTIN.

Pourquoi?

PIERROT.

J'ai peur qu'on ne se moque de moi.

M. MARTIN.

Bon! Il faut s'enhardir ici, compère. (*Il appelle.*) Hola-hée! la maison!

PIERROT.

Ventrebille! tu commandes ici comme chez toi. On diroit qu'il y a cent ans que tu es mort.

SCÈNE XV.

PIERROT, M. MARTIN, LE DIABLE ORDONNATEUR.

LE DIABLE, *à M. Martin.*

Que veux-tu ?

M. MARTIN.

N'y auroit-il pas moyen de manger un morceau ?

LE DIABLE.

Oui-dà. Nous allons vous donner un banquet qui vient de nous arriver de l'autre monde par le fleuve Léthé.

PIERROT.

Je vais gager que c'eft le banquet (1) des Sept-Sages.

LE DIABLE.

Tout jufte.

___

(1) Les Italiens venoient de donner une pièce intitulée : *Le Banquet des Sept-Sages*, qui ne fut point goûtée.

M. MARTIN.

Nous ne voulons point des restes de là-haut.

LE DIABLE.

Hélas! on n'y a presque pas touché.

PIERROT.

N'importe, cela sera froid.

LE DIABLE.

Il n'y a qu'à le faire réchauffer.

M. MARTIN.

Fi donc! c'est du maigre, les sauces tourneront.

PIERROT.

Donnez-nous quelque chose de bon.

LE DIABLE.

Je vais vous faire apporter de nos mets ordinaires. (*Il appelle.*) Lutins de cuisine, servez promptement ces deux Ombres. Faites-leur tâter du meilleur poisson des fleuves infernaux.

PIERROT, *sautant.*

Vivent les morts, compère! Que nous allons nous réjouir! Ma foi, nous sommes avec de bons Diables.

SCÈNE XVI.

PIERROT, M. MARTIN, LE DIABLE, DEUX LUTINS.

(Les Lutins apportent une table toute servie, s'en retournent, et Pierrot s'y met avec M. Martin.)

PIERROT, *portant la main sur un plat d'oublies.*

Appelez-vous cela des poissons? Hé, ce sont des oublies.

LE DIABLE.

Ce sont des goujons; et on les appelle oublies sur la terre, à cause qu'on les pêche dans le fleuve de l'Oubli.

PIERROT, *mangeant et montrant un autre plat.*

Et ces betteraves?

LE DIABLE.

Ce sont des rougets de Phlégéton.

PIERROT.

Et ces petites drôleries noires que voilà, comment les nomme-t-on ici?

LE DIABLE.

Des huîtres du Stix.

PIERROT.

Je ne m'étonne plus ſi on les appelle là-haut des diablotins. (*Après qu'il en a tâté.*) Buvons à cette heure un petit doigt. (*Il prend une bouteille et un verre, et après avoir verſé à M. Martin.*) A votre ſanté, compère Martin.

M. MARTIN, *riant*.

Vous n'êtes pas encore défait des manières de l'autre monde. On ne boit point ici à la ſanté.

PIERROT.

D'où vient?

LE DIABLE.

C'eſt qu'on ne craint plus d'être malade.

PIERROT.

On peut donc boire & manger tant qu'on veut, ſans appréhender de crever?

LE DIABLE.

Aſſurément, car l'affaire en eſt faite.

PIERROT.

Allons, buvons donc comme des diables. (*Il sable quatre ou cinq coups de suite.*) Voilà de bon vin. De quel crû eſt-il?

LE DIABLE.

De Côte-rôtie.

PIERROT, *se levant de table.*

Hoï-mé! Qu'est-ce que celui-là nous apporte?

SCÈNE XVII.

PIERROT, M. MARTIN, LE DIABLE, UN LUTIN, *apportant une écuelle où il y a de l'eau-de-vie qui brûle.*

LE LUTIN.

Seigneur Pierrot, voici du café que je vous apporte.

PIERROT.

Je suis bien votre valet. Je ne veux point de ce café-là. Ce n'est que du feu.

LE LUTIN.

Vous le trouverez bon quand il sera un peu reposé.

SCÈNE XVIII.

Les Acteurs de la scène précédente,
SIX OMBRES, *vêtues de blanc.*

PIERROT.

Ho-ho! v'là des meuniers qui arrivent ici. Ah! les pendards! Ils vont être bien fouaillés pour avoir donné des saignées aux facs de blé.

LE LUTIN.

Non. Ce font les ombres de quelques danfeurs & danfeufes de l'Opéra que j'ai eu ordre de vous amener, pour vous divertir après votre repas.

PIERROT.

Bon! Après la panfe, la danfe. Jarnicoton! je ne me divertiffois pas fi bien, quand j'étois en vie.

Les Ombres danfent et fe retirent.

SCÈNE XIX.

PIERROT, M. MARTIN, LE LUTIN.

LE LUTIN, *à M. Martin.*

Retirez-vous un moment, monsieur Martin. J'ai quelque chose à dire en particulier au seigneur Pierrot.

(*M. Martin se retire.*)

SCÈNE XX.

PIERROT, LE LUTIN.

LE LUTIN.

Sçavez-vous bien que cette petite fête est une galanterie que vous fait madame Tysiphone?

PIERROT.

Tysiphone!

LE LUTIN.

Oui, Tyſiphone.

PIERROT.

Quoi, cette Diableſſe qui m'a tantôt ſi bien étrillé?

LE LUTIN.

Elle-même. Elle eſt devenue amoureuſe de vous à la rage, en vous étrillant.

PIERROT.

Tout de bon ?

LE LUTIN.

Je me ſuis chargé de vous introduire dans ſon appartement.

PIERROT.

Je ſuis tout prêt.

LE LUTIN.

Mais il faut que je vous porte dans ce ſac.

PIERROT.

Pourquoi cela?

LE LUTIN.

Pour éviter la médiſance; car on eſt ici preſque auſſi malin que là-haut.

PIERROT.

Soit. (*Le Lutin l'enferme dans un grand ſac et le charge ſur ſes épaules. Pierrot chante dans le ſac pendant qu'on l'emporte.*)

Allons, allons voir Tyſiphone, allons!

SCÈNE XXI.

M. MARTIN, MADAME DARIOLET.

MADAME DARIOLET, *riant.*

Il croira demain matin avoir rêvé tout ce qu'il vient de lui arriver.

M. MARTIN.

Mais où le faites-vous porter comme cela ?

MADAME DARIOLET.

Dans mon lit.

M. MARTIN, *riant.*

Je vous en fais mon compliment. Vous ſçavez mettre tout à profit. Bonſoir & bonne nuit, madame Tyſiphone.

Fin du deuxième Acte.

Acte Troisième

ACTEURS DU TROISIÈME ACTE

ARLEQUIN, *rôtisseur.*
COLOMBINE, *sa femme.*
LA RAMÉE. ⎫
SANS-QUARTIER. ⎪
FRAPPE-D'ABORD. ⎬ *Grivois.*
BRIN-D'AMOUR. ⎭
QUATRE DRAGONS.
JEANNETON, *brandevinière*, représentée par Colombine.
LE GRAND PRÉVOT *de l'armée.*
DEUX CAVALIERS *de l'escorte du Grand Prévôt.*
M. & MADAME MICHEL-ANE.
PIERROT & MADAME DARIOLET.
LE CAVALIER *anglois.*

ACTE TROISIÈME

Le Théâtre repréfente la plaine de Grenelle, avec le château de Meudon dans le lointain. La rivière de Seine & le moulin de Javelle dans l'aile gauche. Dans l'aile droite font peintes plufieurs tentes; & fur le devant, à gauche, eft une tente effective, dont un côté eft relevé, pour laiffer voir Arlequin habillé en foldat, qui dort fur une paillaffe de corps de garde.

A côté de cette tente, vers le milieu, eft un faifceau de plufieurs fufils. Un peu plus avant fur a même ligne, eft un drapeau planté en terre, & un foldat auprès en faction, tenant une épée nue.

Sur le devant, sont trois Grivois, dont deux jouent aux cartes à terre, & le troifième, qui eft affis sur un tambour, fume fa pipe, en regardant jouer fes camarades.

SCÈNE PREMIÈRE.

ARLEQUIN, *dormant, sous le nom de* JOLI-CŒUR, LA RAMÉE, SANS-QUARTIER, FRAPPE-D'ABORD, BRIN-D'AMOUR.

SANS-QUARTIER, *jettant une carte.*
Pique. Ah, ferpedié! j'ai donné dans son brufcant!

FRAPPE-D'ABORD.
Cœur. Atout, atout, atout. Soixante-un. J'ai gagné.

SANS-QUARTIER, *mordant les cartes.*
Mort! Tête! Ventre!

SCÈNE II.

Les Acteurs de la scène précédente,
COLOMBINE.

COLOMBINE, *dans le fond du théâtre, appelant.*

St, st, st.

LA RAMÉE.

Venez, venez. Il ronfle encore comme un cochon. Par ma foi, mademoiselle Colombine, vous êtes une terrible femme pour faire travailler les gens la nuit.

COLOMBINE.

Je me suis aussi donné bien du mouvement de mon côté. Ho-çà, mes enfans, le jour commence à paroître. Je crois qu'il seroit à propos de réveiller Arlequin, & de jouer notre pièce avant qu'il passât personne dans la plaine de Grenelle où nous voici.

LA RAMÉE.

Il faudra bien en venir là, s'il ne s'éveille pas bientôt de lui-même.

SANS-QUARTIER.

J'ai bonne opinion de notre affaire.

COLOMBINE.

Et moi auſſi. Ne diroit-on pas que la Fortune eſt de concert avec nous? Hier au ſoir on vient nous dire d'un cabaret que mon mari y eſt ivre-mort. Nous n'avons eu que la peine de l'y aller prendre & de l'apporter ici.

FRAPPE-D'ABORD.

Cela eſt heureux. De plus, il ne connoît aucun de ceux qui ſont employés au ſtratagème.

COLOMBINE.

Tout nous promet un ſuccès favorable. Souvenez-vous bien du lieu où le dénouement ſe doit faire en préſence de tous les intéreſſés.

LA RAMÉE.

Vous nous avez dit, ce me ſemble, que c'eſt ici proche à la dernière maiſon de la rue de Grenelle.

COLOMBINE.

Oui, dans une ſalle baſſe, chez ma couſine. Adieu. Je vais m'habiller dans ma tente pour jouer mon rôle.

SANS-QUARTIER.

Le perſonnage que vous allez faire rendra la choſe plus touchante.

LA RAMÉE, *à Colombine.*

Retirez-vous vite. Notre grivois semble vouloir s'éveiller. *(Elle se sauve.)*

SCÈNE III.

LES GRIVOIS, ARLEQUIN.

La Ramée se rassied sur son tambour, & les autres continuent à jouer au bruscambille.

ARLEQUIN.

Il se retourne, bâille, ouvre les yeux, se les frotte, & regarde avec étonnement ce qui l'environne. Il se met ensuite sur son séant, examine son habillement, & tourne la tête de tous côtés avec grande émotion en disant :

En voici bien d'une autre.

Il se lève & va considérer, en crainte & en reculant, les Grivois qui jouent, qui ne font pas semblant de l'appercevoir. Il jette les yeux sur la sentinelle qui lui donne une terreur épouvantable, & lui fait dire ·

Hoimé !

LA RAMÉE.

Ha, ha! monſieur Joli-Cœur, vous voilà donc debout à la fin.

SANS-QUARTIER.

Vous êtes un brave garçon, ma foi. Le vin du Rhin vous fait ronfler de bonne grâce.

FRAPPE-D'ABORD.

Il a, parbleu, fait le tour du cadran.

(*Arlequin, après les avoir regardés et écoutés sans rien dire, veut s'eſquiver.*)

LA RAMÉE, *l'arrêtant.*

Où diable vas-tu donc?

ARLEQUIN.

Eh, meſſieurs! laiſſez-moi aller, je vous en prie.

SANS-QUARTIER, *riant*

Le drôle de corps!

ARLEQUIN.

Vous m'avez apparemment trouvé endormi dans la rue, et vous croyez avoir fait une bonne capture, mais...

LES GRIVOIS, *riant tous enſemble.*

Ha, ha, ha, ha, ha!

ARLEQUIN.

Vous m'avez enrôlé par ſurpriſe.

LA RAMÉE.

Tu n'es pas encore bien éveillé, Joli-Cœur.

ARLEQUIN.

Vous me prenez pour un autre, affurément. Je ne m'appelle point Joli-Cœur, je me nomme Arlequin.

SANS-QUARTIER.

Rêves-tu donc?

ARLEQUIN.

Non, je ne rêve pas. Je fuis un pauvre rôtiffeur de la rue de la Huchette. J'ai femme & enfans.

FRAPPE-D'ABORD, *riant*.

Ha, ha, ha! Quel coq-à-l'âne!

LA RAMÉE.

Seroit-il devenu fou?

SANS-QUARTIER.

Tu veux rire apparemment.

FRAPPE-D'ABORD.

Tu fais comme fi tu ne nous connoiffois pas.

ARLEQUIN.

Mais je ne vous connois pas non plus.

LA RAMÉE.

Quoi, tu peux méconnoître La Ramée & des camarades avec qui tu vis depuis plus de dix ans?

ARLEQUIN.

Diable emporte qui vous a jamais vûs!

SANS-QUARTIER.

Tu ne remets pas Sans-Quartier, ton ami ?

ARLEQUIN.

Nullement.

FRAPPE-D'ABORD.

Et tu ne te fouviens plus de Frappe-d'Abord, que tu as toi-même enrôlé à Paris dans la rue de l'Hirondelle?

ARLEQUIN.

Non, la pefte m'étouffe.

BRIN-D'AMOUR.

Tu as oublié Brin-d'Amour?

ARLEQUIN.

Je n'ai non plus d'idée de vous que de ma première chemife.

LA RAMÉE, *prenant son férieux*.

Cela n'eft pas naturel.

SANS-QUARTIER.

Il y a quelque chofe là-deffous.

FRAPPE-D'ABORD.

Je vois ce que c'eft. Je l'apperçûs hier chez notre vivandier, qui buvoit avec l'Engeolleur. Ce coquin-là lui aura mis quelque chofe dans fon vin.

LA RAMÉE.

Cela fe pourroit bien. L'Engeolleur est un maître gouin, qui en fçait diablement long.

SANS-QUARTIER.

Oui ma foi. Il sçait charmer les armes, & a le billet pour se rendre dur.

LA RAMÉE.

Il ne peut souffrir un brave. Il lui met dans son vin de la cervelle de lièvre apprêtée, & lui ôte avec cela le courage et la mémoire.

FRAPPE-D'ABORD.

Il aura joué ce tour-là à Joli-Cœur.

LA RAMÉE.

Pour moi, je n'en doute plus. (*A Arlequin.*) Je vais parier, mon ami, que tu ne te souviens seulement pas d'avoir bû hier avec lui.

ARLEQUIN.

Non, en vérité.

LA RAMÉE.

Vous voyez bien.

SANS-QUARTIER.

Voilà l'affaire. Sa mémoire est flambée.

LA RAMÉE.

Il en fera de même de sa valeur. N'est-il pas vrai, mon camarade, que, dans ce moment, tu ne te sens plus de cœur?

ARLEQUIN.

Non plus qu'une poule. Je suis poltron comme tous les diables.

FRAPPE-D'ABORD.
L'Engeolleur.
SANS-QUARTIER.
La cervelle de lièvre.
LA RAMÉE.
Il n'en faut pas d'autre preuve.
ARLEQUIN.
Mais, meffieurs, dites-moi un peu : fi j'avois perdu la mémoire, je ne me fouviendrois ni de ma femme, ni de mes enfans, ni de ma boutique.
LA RAMÉE.
Hé, vraiment, cette drogue-là, en ôtant la mémoire, remplit l'efprit de chimères. Tu es dans l'état d'un homme qui rêve & qui s'imagine avoir ce qu'il n'a point.
ARLEQUIN.
Vous voudriez me perfuader, par exemple, que je n'ai pas foupé hier au foir à la Cloche, dans la rue de la Huchette?
FRAPPE-D'ABORD.
Ha, ha, ha! à la Cloche!
LA RAMÉE.
Quelle apparence y a-t-il que tu ayes foupé hier à Paris, puifque nous fommes en Allemagne?

ARLEQUIN, *fort étonné.*
Voici bien autre chose. En Allemagne!

SANS-QUARTIER.
Sans doute.

ARLEQUIN.
Parbleu! il seroit plaisant que nous fussions en Allemagne. (*On entend en cet endroit des coups de canon au loin.*) Ah, morbleu! qu'est-ce que j'entends?

FRAPPE-D'ABORD.
Ce n'est rien, c'est du canon.

ARLEQUIN.
Ce n'est rien, dit-il, du canon.

LA RAMÉE.
Ne sçais-tu pas que l'armée des ennemis & la nôtre sont en présence.

ARLEQUIN, *tremblant.*
Je ne sçais rien du tout.

LA RAMÉE.
Oui, elles sont en présence, et l'on se canonne de part et d'autre.

ARLEQUIN.
Ahi, ahi, ahi! Et en sommes-nous bien éloignés?

SANS-QUARTIER.
Environ d'une lieue.

FRAPPE-D'ABORD.

C'eſt ici un camp-volant.

ARLEQUIN.

Voyez ce que c'eſt que la cervelle de lièvre apprêtée ; j'aurois pris cet endroit-ci pour la plaine de Grenelle.

BRIN-D'AMOUR.

Alerte ! alerte ! Allons, camarades, aux armes ! voici un convoi de vin qui marche aux ennemis ; il faut l'attaquer.

(Ils courent tous aux armes. Arlequin fait ses lazzis de peur.)

LA RAMÉE, *à Arlequin.*

Marche à moi, Joli-Cœur.

ARLEQUIN.

Eh ! mon ami La Ramée, la cervelle de lièvre opère terriblement.

LA RAMÉE.

Nous ferons revenir ton courage avec force eau-de-vie, mêlée de brandevin et de poudre à canon. Qu'on lui en faſſe boire promptement.

(Pendant qu'on lui fait boire de l'eau-de-vie, un des Grivois lui met son épée, et un autre lui apporte son fuſil.)

LA RAMÉE, *à Arlequin.*

Hé bien, comment cela va-t-il ?

ARLEQUIN.

Cela ne va ni ne vient. Je suis d'avis qu'on laisse passer le convoi.

BRIN-D'AMOUR.

Vite, vite! Il est temps de charger. Le convoi n'est escorté que par cinquante carabiniers & dragons.

ARLEQUIN, *éperdu.*

Des dragons!

LA RAMÉE.

Courons. Tue, tue! Point de quartier.

ARLEQUIN, *chantant.*

Voici les dragons qui viennent!
Vite, sauvons-nous.

(*Arlequin va se cacher sous la paillasse sur laquelle il étoit couché.*)

SCÈNE IV.

LES GRIVOIS, ARLEQUIN, QUATRE DRAGONS.

Les Grivois courent dans la coulisse, où il se fait une décharge de mousqueterie, après laquelle ils jettent leurs fuſils & ſe battent l'épée à la main contre quatre dragons, qui les font d'abord reculer, & qui ſont à la fin vaincus par ceux-ci. On en voit tomber deux par terre, qui font comme s'ils étoient tués. Pendant le combat, Arlequin, qui est ſous la paillaſſe la fait trembler de la peur qu'il a. Sans-Quartier et Frappe-d'Abord vont au pillage.

SCÈNE V.

LA RAMÉE, ARLEQUIN.

LA RAMÉE, *appelant.*

Joli-Cœur! Joli-Cœur! (*A part.*) Où diable s'eſt-il donc fourré? (*Il appelle encore.*) Joli-Cœur. Viens donc, camarade!

ARLEQUIN. (*Il avance la tête de deſſous la paillaſſe.*)

Aviamo preſao, o ſiamo preſai?

LA RAMÉE.

C'eſt nous, vraiment, qui avons pris. Viens voir, mon ami, comme nous les avons ajuſtés. Tiens, en voilà deux qui n'ont plus mal aux dents.

ARLEQUIN.
(Il sort de deſſous la paillaſſe et fait le rodomont.)

Ah! les gueux!

(Il va aux deux dragons qui font les morts. Il leur donne des soufflets & leur marche sur le ventre.)

A qui vous jouez-vous, meſſieurs les marauds? Tenez, voilà pour vous apprendre à vivre.

(Il fouille dans leurs poches et leur prend leur argent.)

LA RAMÉE.
Hé bien, que dis-tu de la guerre?

ARLEQUIN.
Bon métier, ma foi! Ce qui m'en plaît le plus c'eſt le pillage.

LA RAMÉE.
Ne te remets-tu pas à préſent le tems paſſé?

ARLEQUIN.
Oui, je commence à en avoir une idée confuſe.

LA RAMÉE.
Et le courage?

ARLEQUIN.
Un petit filet depuis que le péril eſt paſſé.

SCÈNE VI.

ARLEQUIN, LA RAMÉE, BRIN-D'AMOUR, SANS-QUARTIER, FRAPPE-D'ABORD.

(Ils arrivent en roulant deux tonneaux.)

FRAPPE-D'ABORD.

De la joie, de la joie!

SANS-QUARTIER.

Nous venons de faire un bon coup. Nous avons pris vingt tonneaux de vin; nous en avons deux pour la chambrée.

ARLEQUIN.

Bonne provifion.

LA RAMÉE.

Voilà du vin; mais nous n'avons rien de quoi baffrer.

FRAPPE-D'ABORD.

Hé, parbleu, il faut aller en maraude.

LA RAMÉE.

C'eſt bien dit. Allez tous quatre à ce village que vous voyez. Je ferai ici la garde, moi.

BRIN-D'AMOUR.

Partons.

ARLEQUIN.

Allons, allons. Tête-bleue! main-baſſe!... (*A part.*) Oui, mais les convois.

(*Brin-d'Amour, Sans-Quartier et Frappe-d'Abord partent.*)

SCÈNE VII.

ARLEQUIN, LA RAMÉE.

LA RAMÉE.

Et toi, Joli-Cœur, qui te retient?

ARLEQUIN, *se jettant à son cou.*

Ah! mon pauvre La Ramée! j'ai beau rappeler ma valeur, cette maudite cervelle de lièvre prend toujours le deſſus.

LA RAMÉE.

Cela eſt étonnant. L'abominable homme que cet Engeolleur!

ARLEQUIN.

Ho-ça, à préſent que nous ne ſommes que tous deux, dites-moi, mon ami, là, en conscience, ſi je ſuis un vrai ſoldat.

LA RAMÉE.

En doutes-tu encore? Tu es un des plus braves & des plus anciens Grivois du régiment de Lambale.

ARLEQUIN.

Et nous ſommes en Allemagne?

LA RAMÉE.

Sur les bords du Rhin.

ARLEQUIN.

J'ai donc fait parler de moi dans notre régiment?

LA RAMÉE.

Comment diable! il n'y a pas encore trois jours que tu as coupé la tête à deux houzards.

ARLEQUIN.

A deux houzards!

LA RAMÉE.

Et embroché un cuiraſſier de l'empereur comme une allouette.

ARLEQUIN.

Mais je ne me ſouviens que d'avoir avant-hier embroché un cochon de lait, & coupé la tête à deux canards.

LA RAMÉE.

C'est un effet de la drogue de l'Engeolleur.

ARLEQUIN.

Je le crois comme vous. Ce vilain sorcier aura changé dans ma mémoire mes houzards en canards, & mon cuirassier en cochon de lait.

SCÈNE VIII.

ARLEQUIN, LA RAMÉE, COLOMBINE, *en grivoise de Strasbourg, ou brandevinière.*

COLOMBINE, *criant.*

Gout, gout! Brandevin! brandevin!

ARLEQUIN, *après avoir fait ses étonnemens.*

Eh! c'est Colombine! Je sçavois bien, moi, que je n'étois pas soldat. (*Il va pour l'embrasser.*) Ma chère femme!...

COLOMBINE, *le repoussant.*

Moi, n'y être pas le femme à vous.

ARLEQUIN.

Quoi, je ne fuis pas ton mari?

COLOMBINE.

Moi point mariée di tout, monfir; l'y être ein file feuleman.

LA RAMÉE.

Tu n'y penfes pas, Joli-Cœur, c'eft Jeanneton la brandevinière.

ARLEQUIN.

Non, morbleu, c'eft ma femme.

LA RAMÉE.

La cervelle de lièvre, mon enfant.

ARLEQUIN.

Il n'y a cervelle de lièvre qui tienne ; je m'y ferois hacher, c'eft Colombine.

LA RAMÉE.

Hé, c'eft une Allemande, ne l'entends-tu pas ?

COLOMBINE, *à Arlequin.*

Vous l'avre envie de railler, mein camerade.

LA RAMÉE.

Il ne raille point du tout, le pauvre garçon ! c'eft qu'il a le cerveau dérangé.

ARLEQUIN.

Ouais ! Seroit-ce donc encore une illufion

LA RAMÉE.

Va. Tu peux hardiment mettre encore cela avec le cochon de lait & les canards.

COLOMBINE.

Hélas! l'être pien dommage de Joli-Cœur.

ARLEQUIN.

J'ai pourtant bien de la peine à m'imaginer...

LA RAMÉE.

Ne vois-tu pas d'où cela vient? Jeanneton te donne tous les jours du brandevin; tu ris avec elle; elle est jolie. Dans l'état où est ton esprit t'en faut-il davantage pour te faire croire qu c'est ta femme?

ARLEQUIN, *à part.*

Cela pourroit bien être après tout, et je ne serois pas fâché que cela fût ainsi... Oui-dà... Quand j'observe cette brandevinière, je la trouve un peu plus grande que Colombine; elle a même dans le visage... là... un je ne sçais quoi... quelque chose de plus gentil & de plus riant. (*Haut à La Ramée.*) C'est donc encore une rêverie?

LA RAMÉE.

Toute pure.

ARLEQUIN.

Ho, bien, je me serois donné au diable que c'étoit ma femme.

LA RAMÉE.

Hé, mais, fi elle te plaît, il ne tiendra qu'à toi de réalifer tes vifions.

ARLEQUIN.

Je le veux bien. (*A Colombine.*) Y confentez-vous, ma mignonne?

COLOMBINE.

Oh! point fouloir d'eine garçone qui l'être marié.

LA RAMÉE.

Il ne l'eft point.

ARLEQUIN.

Hé non, je ne le fuis point; j'ai feulement rêvé que je l'étois.

COLOMBINE.

Chel croirai point vous. Sti François fe dire touchours garçone, garçone. L'avrent pien attrappé comme ça des files en Allemagne.

ARLEQUIN.

Oh! je fuis garçon, fur la vie.

LA RAMÉE.

Je fuis fon répondant.

COLOMBINE, *prenant Arlequin par la main.*

He bien, mein pipelet, vous l'être mari à moi.

LA RAMÉE.

Voilà une bonne fortune pour toi, Joli-Cœur.

ARLEQUIN, *gambadant*.

Vivat! Je suis soldat. De l'argent, du brandevin, des femmes, quel plaisir! Où diable avois-je pris que j'étois rôtisseur?

LA RAMÉE.

Pour célébrer vos fiançailles, chantons, dansons, en attendant que nos camarades nous apportent de quoi faire la noce.

(*Il danse une allemande avec Colombine, en chantant un petit air allemand.*)

SCÈNE IX.

LA RAMÉE, ARLEQUIN, COLOMBINE,
les trois GRIVOIS, *revenant de maraude*.

LA RAMÉE.

Qui vive?

FRAPPE-D'ABORD.

France!

SANS-QUARTIER.

Rejouissons-nous, enfans, il y a gras.

(*Ils apportent un cochon de lait qu'ils font crier, des poules, une pièce de lard et deux gros pains.*

ARLEQUIN, *les caressant.*

Soyez les bien-venus, camarades. Allons, allons, faisons ripaille.

BRIN-D'AMOUR, *se retournant.*

Ah! mes amis, nous sommes perdus!

ARLEQUIN, *tremblant.*

Encore un convoi?

BRIN-D'AMOUR.

On nous a suivis. Voici le Grand-Prévôt qui vient.

ARLEQUIN.

Poveretto me! Ah! chien de métier!

SCÈNE X.

ARLEQUIN, LES GRIVOIS, COLOMBINE, LE GRAND PRÉVOT, *à cheval, escorté de deux cavaliers.*

LE GRAND PRÉVÔT.

C'est donc ainsi, messieurs les fripons, que vous observez les ordres ?

LA RAMÉE.

Monsieur le Prévôt ! c'est que les vivres nous ont manqué.

LE GRAND PRÉVÔT.

Vous êtes des marauds ; & je vais faire ma charge.

(*Ils se jettent tous à génoux.*)

FRAPPE-D'ABORD.

Monsieur le Prévôt ! ayez pitié de nous !

ARLEQUIN.

Eh ! monsieur le Prévôt ! je n'en étois pas, moi.

COLOMBINE, *à genoux*.

Grâce, grâce à l'mari à moi! N'avre poin quitté fon femme.

LE GRAND PRÉVÔT.

Point de miféricorde.

SANS-QUARTIER.

Nous n'y retournerons plus.

LE GRAND PRÉVÔT.

Non, non. Il faut un exemple. Toute la grâce que vous pouvez attendre de moi, c'eft de vous faire tirer au billet, & de n'en punir qu'un. Je veux bien même qu'au lieu d'être pendu il ait la tête caffée.

ARLEQUIN.

La bonne chienne de grâce!

LE GRAND PRÉVÔT.

Voici des billets tout prêts. Prenez des dez. Voyez qui de vous tirera l'un avant l'autre.

(*Ils jettent l'un après l'autre les dez fur un tambour.*)

LA RAMÉE.

Quatorze.

SANS-QUARTIER.

Onze.

FRAPPE-D'ABORD.

Neuf.

Acte III, scène X.

BRIN-D'AMOUR.

Dix-huit.

ARLEQUIN.

Quatre. Tant mieux! je suis le dernier.

On met cinq billets dans un chapeau.
Arlequin dit :

Point de tricherie au moins. Bon jeu, bon argent.

BRIN-D'AMOUR.

C'est à moi à mener le branle. (*Il tire, ouvre le billet & dit :*) Blanc.

LA RAMÉE.

Il n'y a rien.

SANS-QUARTIER.

Me voilà hors d'affaire.

ARLEQUIN.

Ahi, ahi, ahi! Cela s'avance! Il n'y en a plus que deux.

FRAPPE-D'ABORD.

A toi et à moi, Joli-Cœur. (*Ils tirent tous deux.*)

ARLEQUIN.

Miséricorde! J'ai le billet noir!
(*Il veut fuir, mais on l'arrête.*)

LE GRAND-PRÉVÔT.

Qu'on lui bande les yeux.

ARLEQUIN.

Au guet! au guet!... Mais, mais je veux qu'on me donne ma revanche.

LE GRAND-PRÉVÔT.

Dépêchons, dépêchons.

(*On bande les yeux à Arlequin.*)

COLOMBINE, *pleurant.*

Ah! ah! ah!

ARLEQUIN.

Hélas! ma chère brandevinière, pourquoi faut-il que vous ne soyez pas la rôtisseuse & moi Arlequin! Où est ma pauvre boutique de la rue de la Huchette?

(On bat du tambour accompagné du fifre, & l'on emmène Arlequin, qui pousse de grands cris.)

LE GRAND PRÉVÔT.

Qu'on le mène à la tête du régiment & qu'il soit passé par les armes.

ARLEQUIN.

Hiaouf!

Le théâtre change & représente une salle.

SCÈNE XI
et
ÉPILOGUE

M. & Mme MICHEL-ANE, PIERROT,
MADAME DARIOLET.

MADAME DARIOLET.

C'est donc ici qu'on va nous juger?

M. MICHEL-ANE.

Ma femme, je vous pardonne le tour que vous m'avez joué, en faveur du diamant que vous gagnerez sans doute.

PIERROT.

Oh! jarnonbille, elle ne le tient pas encore. Notre attrape vaut mieux que la vôtre.

MADAME DARIOLET.

Ne nous débattons point de l'épée qui est chez le fourbisseur.

MADAME MICHEL-ANE.

Elle a raison. Colombine peut nous disputer le prix.

MADAME DARIOLET.

C'est ce que nous allons voir.

(*On entend au loin un bruit de tambours & de fifres, qui devient plus fort à mesure qu'il approche.*)

PIERROT, *criant et sautant.*

Les v'là! les v'là! Les entendez-vous?

SCÈNE XII.

Les Acteurs de la scène précédente,
LES GRIVOIS,
COLOMBINE, ARLEQUIN.

ARLEQUIN, *en entrant.*

Hiaouf!

(*Il est conduit par deux Grivois qui le tiennent par les manches. On le fait asseoir sur un siége qui est au milieu de la salle.*)

LA RAMÉE.

Çà, mon pauvre Joli-Cœur, il faut sauter le fossé. Lequel de nous choisis-tu pour ton parrain

Acte III, scène XII.

ARLEQUIN, *déclamant.*

Hé qu'importe de qui je reçoive la mort,
De toi, de Sans-Quartier ou de Frappe-d'Abord?

FRAPPE-D'ABORD.

Pour mieux faire, nous allons tirer tous à la fois.

ARLEQUIN.

Attendez donc! attendez donc! Ne tirez pas encore... Vous, La Ramée, visez-moi droit au gizier; mais ne mettez que de la poudre. Et vous, Sans-Quartier, coulez-moi quatre bonnes balles dans votre fusil, et me les faites passer... six pieds au-dessus de la tête.

LA RAMÉE.

C'est trop le faire languir. Tirons.

(En même temps, ils bandent leurs fusils. Le claquement du chien fait frémir Arlequin, qui dit:)

Attendez, attendez!...

(Aussitôt Colombine, qui est derrière lui, enlève le bandeau qu'il a sur les yeux, ce qui lui fait pousser un cr terrible.

Ahi!

COLOMBINE, *riant.*

Ha, ha, ha, ha, ha!

(Tout le monde se met à rire & à se moquer

d'Arlequin. Il se lève & se tourne de tous côtés fort étonné.

PIERROT, *lui faisant les cornes.*
Bourrique à vendre! bourrique à vendre

ARLEQUIN.
Comment, tout ceci n'est donc qu'un jeu?

COLOMBINE.
Non, vraiment, monsieur le nigaud.

ARLEQUIN.
Carogne de brandevinière!

PIERROT.
Console-toi, Arlequin, nous avons eu M. Michel-Ane et moi notre petit fait à part.

ARLEQUIN, *à La Ramée.*
Ha, ha! maître fripon! c'est vous qui êtes le véritable engeolleur.

LA RAMÉE.
Avouez, monsieur Joli-Cœur, que vous avez bien avallé le goujon.

ARLEQUIN.
Dites plutôt la cervelle de lièvre.

SCÈNE XIII.

Les Acteurs de la scène précédente,
LE CAVALIER *anglois.*

LE CAVALIER.

JE suis très content, mesdames, des tours que vous avez faits à vos maris. Vous méritez toutes trois le diamant; mais, comme je n'en ai qu'un, voici une montre & une tabatière de la même valeur que je partage entre vous.
(*Elles lui font chacune une grande révérence.*)

COLOMBINE.

Par cette générosité, monsieur, vous justifiez bien la bonne opinion que l'on a à Paris de la nation angloise.

ARLEQUIN.

Ouf! voilà qui est bien, ma femme, mais n'y revenez plus.

COLOMBINE.

Allons, mes amis, avant que vous quittiez vos habits de Grivois, il faut ici rire, boire & danser.

(*Ils forment tous une danse guerrière au son du fifre & du tambour, après laquelle ils chantent le vaudeville suivant :*)

VAUDEVILLE.

Premier couplet.

LA RAMÉE.
Vous, maris, qui venez de rire,
Vous pourriez fort bien quelque jour
Effuyer certain petit tour,
Qu'honnêtement je ne puis dire.
Ah! que de femmes à Paris
  En font accroire,
   O viftanvoire!
  En font accroire
  A leurs maris

CHŒUR.
Ah! que de femmes, etc.

Second couplet.

COLOMBINE.
La femme d'un certain notaire
Dit quelquefois à fon époux:
Jamais aucun autre que vous,
Mon cher ami, n'a fçu me plaire.
Ah! que de femmes, etc.

CHŒUR.
Ah que de femmes, etc.

Troisième couplet.

PIERROT.
Quand j'allois voir dame Claudine,
Jean, son époux, lui demandoit :
Que veut Pierrot ? Elle disoit :
Il veut boire avec toi chopine.
Ah ! que de femmes, etc.

CHŒUR.
Ah ! que de femmes, etc.

Quatrième couplet.

ARLEQUIN.
On peut, avec des bagatelles,
Attirer beaucoup de chalans.
Auteurs, mettez de faux brillans
Dans toutes vos pièces nouvelles;
Par là, vous pourrez dans ce tems
  En faire accroire,
  O vistanvoire !
  En faire accroire
  A bien des gens.

CHŒUR.
Par là, etc.

FIN.

APPENDICE

NOTES

sur

LE THÉATRE DE LA FOIRE

APPENDICE

LE THÉATRE DE LA FOIRE.

Au siècle dernier, il se tenait à Paris, tous les ans, six foires : la foire aux jambons ou au lard, la foire du Temple, et les foires Saint-Germain, Saint-Laurent, Saint-Clair et Saint-Ovide.

La foire aux jambons se tenait le jeudi saint sur le Parvis Notre-Dame et dans les rues avoisinantes.

La foire du Temple s'ouvrait le 28 octobre dans la cour du Temple. On y vendait de la mercerie, des fourrures et d'énormes quantités de nèfles. Les farces que faisaient les valets avec ces fruits, en les jetant aux nouveaux venus, avaient donné naissance aux dictons populaires :

« *Va-t-en au Temple querir des nèfles.* »
« *Que me donneras-tu? Des nèfles.* »

La foire Saint-Clair avait lieu le 18 juillet, sur l'espace compris entre l'abbaye Saint-Victor et l'hôpital de la Pitié et dans les rues environnantes.

La foire Saint-Ovide fut établie primitivement sur la place Vendôme, et transférée de là sur la place Louis XV, aujourd'hui place de la Concorde. Les boutiques construites et décorées d'après un modèle uniforme, par un entrepreneur, y étaient rangées circulairement avec une galerie dans le pourtour sous laquelle on se promenait à l'abri. — Au centre, autour de la statue, se trouvaient d'autres loges pour les danseurs de corde, les joueurs de marionnettes et les traiteurs. Cette foire commençait le 14 août et elle durait un mois. Elle était célèbre à cause du grand nombre de boutiques qui s'y trouvaient. — Dans la nuit du 22 au 23 septembre 1777, un incendie considérable détruisit toutes les boutiques et salles de spectacle.

Le fameux Nicolet, directeur des Grands Danseurs, et Audinot, directeur de l'Ambigu-Comique, donnèrent, à cette occasion, pour la première fois, des représentations au bénéfice des malheureux incendiés. Cet exemple, si imité depuis, fut suivi par d'autres directeurs de théâtre; mais la foire Saint-Ovide ne put se relever de ses ruines, et elle fut supprimée par un arrêt du Conseil.

La célèbre et bruyante foire Saint-Laurent était établie dans le haut de la rue du Faubourg Saint-Denis. L'ouverture s'en faisait tous les ans, le 28 juin, et elle durait jusqu'à la Saint-Michel.

Colletet, dans son poëme burlesque : *le Tracas de Paris,* dit de cette foire :

> C'eſt le lieu de la goinfrerie,
> Le lieu de la galanterie,
> Où le tems ſe peut bien paſſer,
> Si l'on veut argent débourſer.

La foire Saint-Germain était beaucoup plus importante que la précédente. Elle se tenait dans le voisinage de Saint-Sulpice, à l'extrémité de la rue de Tournon. Son emplacement était coupé par des rues qui se croisaient et formaient des divisions pour chaque espèce de marchands. Le tout était recouvert par une toiture qu'y avait fait construire, en 1511, le cardinal abbé Guillaume V Briçonnet. Cette construction qui passait pour un chef-d'œuvre, fut détruite, avec le reste de la foire, par un incendie dans la nuit du 16 au 17 mars 1762.

L'année suivante, on éleva de nouvelles boutiques sur le même territoire divisé en huit rues se coupant à angle droit; mais, à partir de cette époque, la foire Saint-Germain perdit son prestige et ne retrouva plus sa première splendeur. Cette foire attirait une foule énorme.

« C'étoit, dit Piganiol de la Force, dans sa *Defcription de la Ville de Paris,* un des plus finguliers & des plus brillants fpectacles que Paris pût offrir aux habitans et aux étrangers. Tout ce qu'il y avoit de perfonnes de confidération, de la première nobleffe, fouvent des princes et des princeffes, venoient f'y rendre tous les foirs; et les rues de la foire étoient si pleines que l'on pouvoit à peine f'y promener. Ce qui faifoit principalement l'éclat furprenant de ce fpectacle, c'étoit l'illumination de toutes les boutiques, dont ces rues étoient bordées, et où l'on jouoit aux dés les nippes, les bijoux et toutes les nouveautés, qui y étoient étalés. Les cafés n'étoient pas moins brillants par le grand nombre de ceux qui venoient y boire toutes fortes de vins de liqueurs. »

Bien qu'on trouvât les mêmes plaisirs et es mêmes spectacles à la foire Saint-Laurent, celle-ci était plutôt la foire du peuple et des ouvriers; tandis que la foire Saint-Germain était surtout la foire des désœuvrés, des valets et des élèves de l'Université.

L'on ne sait au juste à quelle époque les

spectacles forains firent leur apparition dans les foires.

Ces spectacles furent d'abord des exercices de saltimbanques et de danseurs de corde, comme on en voit encore de nos jours dans les foires. On y voyait aussi des marionnettes et des animaux savants.

La seule date certaine que l'on ait des représentations théâtrales sur l'emplacement des foires, est celle que nous donne une sentence du 5 février 1596. — Cette sentence autorise une troupe de comédiens de la province qui, profitant des franchises de la foire Saint-Germain, étaient venus s'y établir, en 1595, à continuer la représentation de leurs pièces moyennant une redevance annuelle de deux écus à payer aux comédiens de l'hôtel de Bourgogne.

Rien de saillant ne marque l'existence des spectacles forains jusqu'à l'année 1681, époque à laquelle les troupes d'acteurs forains, s'émancipant chaque jour davantage, en étaient arrivées à représenter des pièces mêlées de chant et de danse avec accompagnement de musique.

Ces pièces étaient des farces licencieuses, obscènes et satiriques, où accourait un public nombreux. Le succès toujours croissant de ces sortes de spectacles ne tarda pas à exciter la jalousie de la Comédie-Française qui, en vertu de son privilége, ne cessa, à partir de ladite année, soit seule, soit conjointement avec la Comédie-Italienne, d'actionner contre les troupes foraines et de leur susciter des embarras sans nombre.

Quoi qu'en disent quelques-uns des écrivains qui se sont occupés des théâtres de la foire, les Comédiens-Français étaient parfaitement dans leur droit en défendant leurs intérêts lésés ; et nous ne pouvons convenir que, comme l'a dit un de ces écrivains : *On aime à voir cette lutte de la liberté contre le privilége,* lutte qui n'eut pas seulement lieu entre les Comédiens-Français et les forains, mais aussi entre ces derniers eux-mêmes, lorsque l'un de leurs directeurs avait obtenu un privilége. La liberté n'est que de la licence lorsqu'elle n'a pour résultat que le mépris de la loi et de droits légitimement acquis.

Le succès des théâtres de la foire n'a été dû en aucune façon à une supériorité quelconque des pièces qui y étaient représentées, mais bien à l'esprit frondeur et gouailleur de notre nation en général et des Parisiens en particulier. Il faut reconnaître aussi que le jeu de certains acteurs et actrices contribua beaucoup à la vogue de ces pièces (1).

(1) Voir ci-après la note 1.

En effet, c'est à peine si, jusqu'à l'apparition de *la Chercheuse d'esprit*, de Favart, dont la première représentation eut lieu le 20 février 1741, une seule des centaines de pièces représentées sur les théâtres forains peut expliquer la vogue de ces spectacles ; mais on la comprend et on se l'explique, quand on voit que ces pièces n'étaient faites que pour éluder la loi et pour mettre le public au courant des démêlés des forains avec les Comédies française et italienne.

Le recueil de ces pièces est curieux à lire à cet égard. — On y voit tous les moyens, toutes les ruses inventés par les forains pour échapper à la loi, — pièces à la muette, pièces à monologue, pièces à écriteaux (1), — et l'on y suit pas à pas l'histoire de leurs démêlés avec les Comédiens-Français que se plaisaient à mettre en scène, en les ridiculisant, leurs auteurs attitrés, Le Sage, Fuzelier, Dorneval et Autreau.

Tant que Le Sage resta ami de la Comédie-Française, il traita avec mépris les spectacles de la foire qui, ainsi qu'il le dit dans le prologue de Turcaret, n'étaient bons à fréquenter que par les laquais et les cochers. Mais, en 1708, les Comédiens-Français lui ayant fait

1) Voir ci-après la note 2.

des difficultés à propos d'une petite comédie en un acte intitulée : *la Tontine*, et étant déjà en froid avec eux à cause des ennuis qu'il avait éprouvés auparavant au sujet de *Turcaret*, il rompit définitivement avec eux.

Le Sage, qui avait un caractère très vif et très vindicatif, passa alors dans le camp ennemi, et, pendant tout le temps que dura sa brouille avec la Comédie-Française, il travailla pour les théâtres forains, tantôt seul, tantôt en collaboration avec Dorneval et avec Fuzelier.

C'est à eux trois, principalement, que revient l'honneur d'avoir créé le vaudeville et d'avoir, sinon créé, du moins préparé l'avénement de l'opéra comique, tel que nous l'avons aujourd'hui : car, bien qu'un grand nombre de leurs pièces portent le titre d'opéra comique, ce ne sont en réalité que des vaudevilles, les couplets qui s'y trouvent se chantant sur des airs anciens et populaires (1). — Outre Le Sage, un autre écrivain célèbre, Piron, ne dédaigna pas d'écrire pour le théâtre de la foire.

Le véritable créateur de l'opéra comique, de ce genre si français qui a produit tant de délicieux chefs-d'œuvre, est Monnet, directeur

(1) Voir ci-après la note 3.

d'un théâtre de la foire Saint-Laurent, qui, le premier, fit construire, au commencement de l'année 1752, une véritable salle pour l'opéra comique. Cette magnifique salle avait été construite en trente-sept jours par Arnoult, machiniste du roi, et avait coûté 45,000 livres.

Non content de ce perfectionnement, Monnet voulut en ajouter un autre, et, dans cette même année 1752, il fit composer une pièce dont la musique n'était plus faite sur des airs connus et était entièrement nouvelle. Cette pièce, dont le sujet était tiré des contes de La Fontaine, avait pour titre : *les Troqueurs*; elle est de Vadé pour les paroles, et de Dauvergne pour la musique.

Cette pièce, véritable inauguration de l'opéra comique, fut suivie de plusieurs autres, et le goût du public pour ce genre nouveau s'étendit si rapidement que l'on ne représenta bientôt plus d'autres pièces sur le théâtre de Monnet, et, vers 1762, la séparation devint définitivement complète entre l'opéra comique et le vaudeville.

L'embellissement des boulevards du Nord et la création des galeries du Palais-Royal, firent peu à peu abandonner les foires, malgré toutes les tentatives faites pour y ramener la vogue, et, en l'année 1786, les deux célè=

bres foires Saint-Laurent et Saint-Germain avaient cessé d'exister.

Ceux de nos lecteurs qui tiendront à se rendre un compte plus exact du Théâtre de la Foire et des spectacles forains, peuvent se reporter à l'excellent recueil que, sous ce même titre de *Théâtre de la Foire*, M. Eugène d'Auriac a publié chez Garnier frères. Ce recueil est précédé d'un Essai historique sur les spectacles forains, où nous avons puisé la plus grande partie des renseignements que nous donnons ici.

L'intéressant ouvrage de M. Jules Bonnassies intitulé : *les Spectacles forains et la Comédie-Française*, a été également consulté par nous.

NOTES

NOTE I.

Les théâtres de la foire avaient, en effet, des acteurs remarquables par leur talent, leur adresse et leur agilité. On cite parmi eux : Dominique, fils du fameux acteur du même nom, qui composa deux pièces en trois actes où il remplissait le rôle principal d'Arlequin, et qui passa ensuite dans la troupe des Comédiens italiens; Lalauze, Francisque, Gaudon, qui devinrent directeurs de troupes foraines ; Latour, Nivalon, qui tous s'étaient acquis une grande renommée dans le rôle d'Arlequin.

Parmi les femmes : madame Maillard, mademoiselle Delisle, mademoiselle d'Aigremont, connue sous le nom de la Camuson, faisaient courir tout Paris.

C'est sur ces mêmes théâtres que se firent connaître les célèbres danseuses mesdemoiselles Petitpas et Sallé. La première débuta en 1723 et entra quatre ans plus tard à l'Académie royale de Musique. Les débuts de la seconde eurent lieu en 1728, et elle fut également engagée quelques années après à l'Académie royale de Musique.

Mademoiselle Justine du Ronceray, qui ne tarda pas à devenir madame Favart, y débuta aussi comme danseuse, sous le nom de mademoiselle Chantilly, en 1744, à l'âge de dix-sept ans.

NOTE 2.

Pièces à la muette et à écriteaux.

Les acteurs forains, privés du droit de parler ou de chanter, se trouvèrent réduits à ne plus faire que des gestes. On inventa alors l'usage des cartons sur lesquels étaient imprimés en gros caractères tout ce que l'acteur était censé dire. — Ces cartons étaient roulés et chaque acteur en avait dans sa poche droite le nombre nécessaire à son rôle. A mesure qu'il avait besoin d'un carton, il le tirait, l'exposait aux yeux du public et le mettait ensuite dans sa poche gauche. — Ce système d'écriteaux excessivement incommode ne fit que passer. On imagina bientôt de débarrasser l'acteur de ces écriteaux et de les faire descendre du cintre, soutenus par deux enfants habillés en amours qui les tenaient en support. L'orchestre jouait alors l'air du couplet, qu'entonnaient des gens gagés dans la salle et les spectateurs eux-mêmes, pendant que les acteurs faisaient les gestes.

Un seul acteur parlait et les autres ne s'exprimaient que par gestes, ou bien parlaient à l'oreille de leur camarade qui répétait tout haut ce qu'ils venaient de lui dire. Quelquefois aussi les acteurs se servaient d'un jargon dont le commencement des mots était français et la terminaison du galimatias.— D'autres fois, enfin, l'acteur en scène se retirait après avoir parlé pour faire place à celui qui était dans les coulisses.

NOTE 3.

Un violoniste de la Comédie-Française, Jean-Claude Gillier, né à Paris en 1667 et mort en 1737, composa un certain nombre de petits airs pour les pièces du Théâtre de la Foire.

On y jouait aussi des airs de la composition de madame de Laguerre, femme d'un organiste de Saint-Séverin et Saint-Gervais, née à Paris en 1669, et morte dans la même ville en 1729. Elle avait un talent remarquable pour la composition et a laissé plusieurs ouvrages : entre autres un opéra : *Céphale et Procris*, dont la première représentation eut lieu le 15 mars 1694, et un *Te Deum* exécuté en 1721 dans la chapelle du Louvre à l'occasion de la convalescence du roi.

TABLE

Pages.

Les Comédies de Le Sage............ 1
Crispin rival de son Maître, comédie en un acte, en prose..................... 1
Critique de la comédie de *Turcaret*. Dialogue........................... 83
Turcaret, comédie en cinq actes, en prose............................. 91
Critique de la comédie de *Turcaret*. Fin du Dialogue................. 257

LE THÉATRE DE LA FOIRE.

Le Tableau du Mariage, pièce en un acte 265
Les trois Comères, pièce en trois actes et un prologue................. 301
Appendice. — Notes sur le Théâtre de la Foire......................... 421

Achevé d'imprimer

LE XV OCTOBRE M. DCCC. LXXVIII

Par le typographe ALCAN-LÉVY

POUR LA LIBRAIRIE GÉNÉRALE

Paris. — Alcan-Lévy, imprimeur breveté.

www.ingramcontent.com/pod-product-compliance
Lightning Source LLC
Chambersburg PA
CBHW072114220426
43664CB00013B/2112